JN087700

塾へ行かなくても
成績が超アップ！

自宅学習の強化書

教育YouTuber
葉一

フォレスト出版

まえがき
私の授業動画で成績は上がる！

■ 勉強ができないのは、そのやり方に問題がある

「なんで勉強なんてしなきゃいけないの？」

「勉強って、正しく努力したら正しく結果が出る、一番手っ取り早いものなんだよ」

私はよくこう答えています。

中学校生活で大きな割合を占めるものといえば、部活と勉強です。もちろん部活も努力すれば結果が出るけれど、身長が低ければバスケやバレーでは人より苦労するだろうし、才能の差を感じたり、カベにぶち当たったりする場面も多い。

でも**勉強なら、べつに特別な才能なんかなくても、今よりもテストでいい点をとったり、成績を上げたりすることは確実にできる。**しかもそれは、中学卒業後の人生にまで関わる、ものすごく大事な成功体験になります。

私は塾講師や家庭教師として生徒に教えていたことがあり、今もユーチューブで授業動画を配信しているのですが、そこで接してきた子たちの姿から、勉強における努力はけっして裏切らないものだと強く思うようになりました。

■ たくさんお金をかけなくても勉強はできる

そこで身につけたいのが、家で勉強する**「自宅学習力」**。この力は子どもたちの学力に大きく関わってきます。

2020年3月、新型コロナウイルスの影響でまさかの全国一斉休校、そこから急にスポットライトを浴び始めた自宅学習ですが、これはもともといろいろな意味で、とても大事なものでした。

月謝を払って通信教育を受けたり、人気の塾に通ったりするだけが勉強ではありません。

「経済格差は教育格差を生む」という研究データもありますが、今の時代は私が配信しているような授業動画も無料で観ることができるし、いろんな方がいろんな勉強法をネットで公開しています。

そうしたさまざまなツールも使って自宅学習で成果を出す力が身につけば、**お金を**

かけなくても成績を伸ばすことができます。塾への行き帰りの時間を勉強に当てることもできるし、自分にとって最適な時間配分も自由に決められます。

さらにいえば、**自宅学習では、勉強に対して自分から取り組んでいく主体的な姿勢が自然と生まれます。**

どこか「やらされている」という思いでやる受け身の勉強とは真逆で、**吸収する力がぐっと高まるのが自宅学習**なのです。

もちろん、誰からの指図も受けずに1人で勉強に取り組んでいくためには、それなりの試行錯誤が必要になります。

でも、そこで自分の特性やライフスタイルにきちんと合った勉強法を組み立てることができれば、もう鬼に金棒。

一度スイッチが入るとおもしろいように結果が出てくるので、モチベーションも上がって、勉強が楽しくなってくるのです。

■ 無料で学べる授業動画、一度は試す価値あり

新型コロナの感染予防対策ではネットを活用した勉強にも注目が集まりましたが、

私が配信している「とある男が授業をしてみた」のチャンネル登録者数も、２０２０年の3月から5月にかけてはすごく伸びて、現在は１１３万人になっています。全体の累計再生回数も3億回を超えました（２０２０年11月現在）。

メディアからの取材もたくさん受けたので、もしかしたらそこから私のことを知ってくれた中学生や、保護者の方もいるのではないかと思います。

もともと私の授業動画は、塾講師をしていたときに教えていた、勉強が苦手な生徒たちを視聴者としてイメージしていました。

「あの子たちの力になりたい！」という思いから、学校の教科書をていねいに全部なぞって動画制作していったのがベースになっています。

たくさん観てもらえる単元に絞（しぼ）ったりせず、**中学校の教科書をまるまる1冊分解説している授業動画は、私のチャンネルくらい**だと思います。

だから正直なところ、「ある程度の学力の子は、私の動画なんて観にこないだろうな」と思っていたんです。

ところが実際にふたを開けてみると、勉強が苦手な子たちだけじゃなく、勉強が得意な子たちも活用してくれることに驚（おどろ）きました。

中には偏差値(へんさち)70を超えているような子や、「学校の先生に東大目指せるって言われた!」なんて子までいるのです。**「自分に必要だと思ったら、みんな自分でちゃんと取捨選択していけるんだな」**と、私自身も教えてもらいました。

■今、自宅学習を極めることは将来にもつながる

勉強をするというのは、「新しいことを知る」ことです。

それは**「自分の引き出しを増やす」**ことでもあります。普段生活をしている中で、わかることや知っていることが増えていくわけです。それは将来、「自分の人生を豊かにする」ことにもつながっていきます。

「もっと勉強しておけばよかった!」と後悔(こうかい)している大人はいますが、**「勉強なんてしなければよかった」という大人に、私は会ったことがありません。**あとで後悔したくないし、人生なんて豊かであればあるほどいいと思っています。

そのためにも、中学時代に勉強をがんばることは大きな意味があるのです。

この本は、今、人生の地盤(じばん)づくりともいえる大切な時期に勉強に不安を抱えている

中学生たちに向けて、私が一番重要だと考えている自宅学習への取り組み方や、自分にとって最適な勉強法の見つけ方をひもといたものです。

私が配信している「とある男が授業をしてみた」の効果的な使い方も、第7章で詳しく紹介しています。いろいろ参考にできると思うので読んでみてください。

さらに、中学生たちにとっては唯一無二のサポーターとなる保護者の方に向けた章も、最後に設けています。今、親として何ができるのか、また何をすべきではないかの判断材料にもしていただけるのではないかと思います。

勉強で悩む中学生がそのカベを乗り越えるヒントとしてこの本を活用し、中学校生活をより充実させる計画を考えるきっかけになればうれしく思います。

教育ユーチューバー　葉一

もくじ

第1章

自分に合う「勉強法」を見つける

第2章

1人で乗り越えるための「計画の立て方」

第3章

学校では教えてくれない「テスト対策」

第4章

「勉強のルーティン化」で差をつける

第5章

負けない「集中力」を手に入れる

第6章

「やる気と自信」を力にする

第7章

「とある男が授業をしてみた」使い倒しワザ

第8章

今、中学生の保護者の方に知ってほしいこと

ブックデザイン　山之口正和+沢田幸平（OKIKATA）
装画　みずす
本文イラスト　髙柳浩太郎
図版作成　富永三紗子
編集協力　中西未紀
DTP　フォレスト出版編集部

各章で手に入る力

本書は1項目につき、2～4ページで構成しています。始めから順番に読んでいただいても、気になる項目から読んでいただいてもかまいません。

第1章

自分に合う「勉強法」を見つける

勉強してもなかなか成績が上がらないのは、自分なりの勉強法をつくっていないから。でも、どんなふうに勉強法を身につければいいの――？　そんな疑問に答えつつ、やってはいけないダメな勉強法も伝えます。

第2章

1人で乗り越えるための「計画の立て方」

学力を上げたり、テストで目標の点数をとるためには、しっかりとした計画が必要。しかし、自宅学習では誰も計画を与えてくれないので、自分で考えるしかありません。大変かもしれませんが、こうしたクリエイティブなところが自宅学習の楽しさ。しっかりフォローしていきます。

第3章 学校では教えてくれない「テスト対策」

定期テストから受験まで、目標を達成するために必要な具体的なテクニックを伝えます。どんなところがテストに出やすいか、どんなふうにテストを解いていけばいいかなど、テスト対策に不安のある人は必読です。

第4章 「勉強のルーティン化」で差をつける

学校や塾と違って、勉強を強制されないからこそ、自宅学習をするには自分で勉強の習慣をつくらなければなりません。習慣化すべきなのは自宅の中だけのことではなく、学校の授業の聞き方やノートの取り方にもおよびます。「継続こそが力」です。

第5章 負けない「集中力」を手に入れる

大人でも仕事に集中できないことがよくあるのに、いろんなことに興味がある中学生にとって集中力を手にするのは本当に大変でしょう。誰にも監視されない自分の部屋でも、1人で集中するための勉強のコツや、休憩の取り方も解説します。

第6章 「やる気と自信」を力にする

自己肯定感が低い子が多い中学生にとって、一番自信になるのは、がんばったらできた！ という「成功体験」です。では、どうすればその成功体験を得られるのか？ そして落ち込んだり、やる気を失ったときはどうすればいいのか？「次もがんばろう」と思うための方法をお伝えします。

第7章 「とある男が授業をしてみた」使い倒しワザ

基本的に、私の授業動画をどのように自宅学習に取り入れていただいてもかまいません。しかし、なかなか使いこなせないなあという人、これから使ってみようと思う人に向けて、基本的かつ効率的と思われる使用法をお伝えします。

第8章 今、中学生の保護者の方に知ってほしいこと

中学生の自宅学習にぜひご協力いただきたい保護者の方へのメッセージを記しました。ぜひ、お父さんやお母さんにも読んでもらってください。保護者の方の悩みや、普段自分に対して声に出さない気持ちなんかも、中学生が読むと理解できるかもしれません。

第1章

自分に合う「勉強法」を見つける

どうしたらもっと勉強がうまくいく?
自分に合った勉強法が見つかるようにみんなの
ギモンに答えていきます!

なんで自宅学習を強化する必要があるの？

▼主体的に学ぶ力がついて、それが将来にも役立つから

■ただ家で勉強をすればいいのではない

自分1人で計画を立てて家で勉強ができる「自宅学習力」を身につけることが、なぜ大切なのでしょう？

それは次のテストの点数が上がるか下がるかという目先のことだけではなく、**もっと先の将来にも関わる大事な力だから**です。

「自宅学習ができる子」というのは、**自宅学習で成果が出せる子**のことです。

もちろん、ただ自宅で勉強をしたからといって、それが「自宅学習ができる子」というわけではありません。勉強の成果がちゃんとテストの結果として表れたり、高校受験に役立ったりすることで、初めて「できる」と言えるんです。

■将来の自分にもつながるアレンジ力

自宅学習で成果が出せる子と、成果が出せない子では、何が違うと思いますか？　細かなことはこのあとでも詳しく解説していきますが、私がその違いで一番大きいと思っているのは、勉強のやり方にしても計画の立て方にしても、**「自分でアレンジする力を持っているかどうか」**だと思っています。

それは、誰かに指示された勉強内容をそのまま忠実にこなしていくだけでは得られない力です。

自宅学習で成績を上げていくには、まず勉強をする目的を自分の中で明確にし、その目的のために自分に合った勉強法を手にし、さらにそれを自分のライフスタイルや自分自身の長所や短所に応じてアレンジすることが重要なんです。

言われた仕事を淡々と、何も考えずにただこなすのではなく、言われなくても最善の方法を自ら探し、その仕事でプラスアルファを生み出せる人——。

そんな大人になるためにも、この自宅学習力を身につける一つひとつの過程はとても大事です。

02

勉強しているのにテストで点がとれないのはどうして？

▼自分に合う勉強法がわかっていない。「できる」という過信も

■暗記法にも合う・合わないがある

「勉強しているのにテストで点がとれない！」という人は、今やっている勉強のやり方が自分に合っていない場合が多いです。

そのまま続けて「勉強してもどうせムダだ」と思ってしまうと、ますますできなくなる悪循環（あくじゅんかん）におちいってしまいます。

たとえば、「暗記」の仕方。これもいろいろな方法がありますが、**それぞれ人によって合う・合わないがある。**私も昔、苦労した経験があります。

私はわりと暗記するのが早いほうでした。「なんだ、それなら苦労しないだろう」と思うかもしれませんが、実は暗記は早いのに、その暗記したことをすぐに忘れると

いう弱点があったんです。これではテストの得点は上がりません。

私が塾で教えていたときの生徒たちの中でも、その傾向がある子はいました。

つまり、短期記憶が得意なのに、長期記憶が苦手。このことに自分でも気づけないでいると、一度覚えただけでやった気になってしまいます。

■人間はみんなすぐに忘れる生きもの

私たちはコンピュータではないので、当然「保存する」ボタンのようなものは頭の中にありませんよね。

一度暗記をして「できたつもり」になっただけで、記憶として保存されていないケースはたくさんあります。テストのときにその記憶を引き出せなければ、まったく意味がありません。

そうならないためには、**「覚えたら終わり！」ではなく、「覚えたことを忘れないようにしよう」という考え方に切りかえていく**必要があります。

たとえば、「自分はどれくらいのタイミングで、何回くり返して覚えれば記憶が抜けなくなるかな」という特徴（とくちょう）を、自分で把握（はあく）していく作業です。

■「知っている」と「できる」はまったく違う

「成果が出ない」人は、基本的に勉強して「知ったつもり」になっている人です。

「知っている」ことと「理解している」「できる」ことは、まったく別ものなんです。

先生の授業を聞いているだけで、確かに学んだ気になります。しかし正確にいえば、それは「知ったつもり」になっているだけかもしれません。その1時間後に同じ問題をやってもできなかったりします。

そういう子には、大きく2つの特徴（とくちょう）があります。

特徴①：問題演習をどんどん先に進めたがる

せっかく一生懸命（いっしょうけんめい）勉強に取り組んでいるのに、「進めるのが正義」とばかりに先へ先へと急ぎがちです。しかし、いくら早くても、一つひとつしっかり定着（ていちゃく）させなければ、ざるの中に水を入れているようなもの。どんどんこぼれ落ちて、「あれだけたくさんドリルをやったのに、テストが全然できない！」ということになります。

そうならないためにも、**解いた問題が本当に「できる」に至（いた）ったのかを確認しなけ**

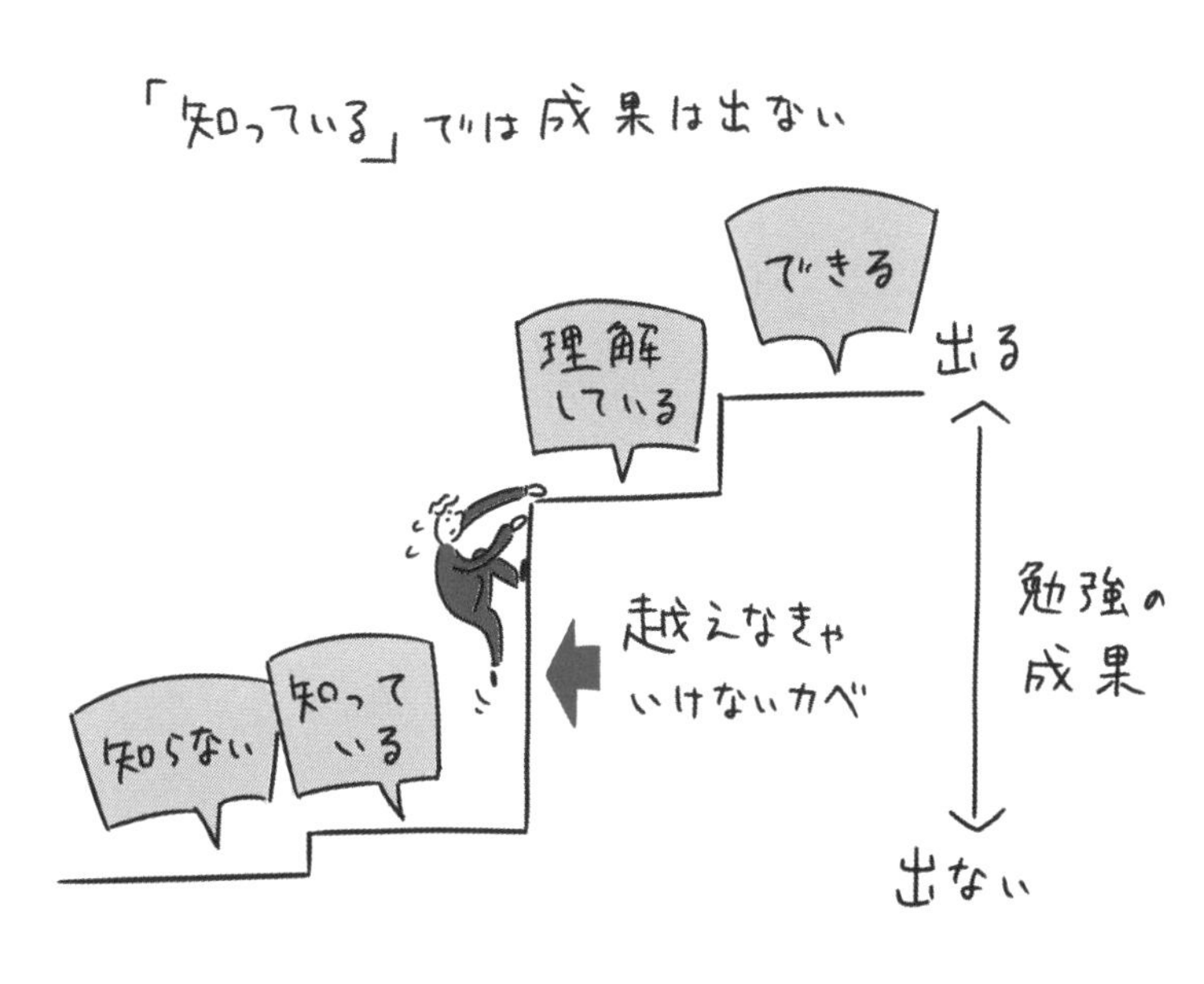

ればなりません。

特徴②：答え合わせをしたら、それで終わり

答え合わせで「理解した」「できるようになった」のならいいのですが、ただ○×をつけただけで、「知ったつもり」になっている人も少なくありません。

その問題が「できる」ようになるまで**くり返さなければなりません。**

成果を出すには「知ること」ではなく、「理解する」「できる」ことがより大切です。

その違いを意識するようになると、勉強のやり方も結果も変わってきます。

勉強のやり方がいまいちわからない場合は？

▼「できないこと」ではなく、「できること」に目を向けてみよう

■自己肯定感が低い日本の中学生たち

勉強に苦手意識がある子たちで、私が特に問題だと思っているのが、自分自身を認めてあげる**「自己肯定感（自分のことが好き、自分の存在価値を認められる感情）」がとても低い**ことです。

したがって、いざ自宅学習をしようとしても、「このやり方でいいのかな？」と自分の決定に自信が持てない。

私が塾講師だったとき、生徒たちに「5分あげるから、自分の長所と短所を書いてごらん」と言うと、短所の欄ばかりが埋まるんですね。長所は1個出てくるかどうか。

中には、「それって本当に悪いことなの？」と思うような「短所」までたくさん書

き込まれていました。この本を読んでくれているみんなは、どうですか？

■ 長所を生かして勉強することが大事

短所として「記憶力が悪い」「集中力がない」ことをあげる子は多いのですが、好きなこと、たとえばゲームをやっているときはどうですか？　武器の名前やコマンド入力、攻略法なんかをすぐに覚えて、時間を忘れて夢中になった経験があるはず。そう、**そもそも記憶力や集中力がない子なんていません。**

自分に合う勉強法を見極めるためには、「短所を短所と決めつけない」「自分の長所をちゃんと見る」ということがとても大事です。

たとえば、私のように長期記憶が苦手で短期記憶が得意だと思っているのであれば、悪く言えば「忘れっぽい」になりますが、地道にくり返すことで、それが簡単には忘れることができない記憶として定着します（具体的な方法は94ページ参照）。ゲームをやりこんだ子なら、経験上理解できるでしょう。

できないことではなく、できることに目を向けて勉強法を決めるほうが、実際の成績アップにはつながります。

04

自分に合う勉強法は、みんなどうやって見つけるの？

▼できる友だちの方法にまねぶ

■自己流の勉強法をゼロからつくるのは難しい

なかなか成績が上がらない子は、今やっている自分の勉強の方法を一度見直す必要があります。

ただし、**勉強法にベストアンサーはありません。**もしベストアンサーがあるなら、みんなそれをすれば成績が上がることになりますが、そんなものはないですよね。

それに、一口に勉強法といっても、種類も目的も左ページに記したカテゴリのようにバラバラです。要するに無数にあるわけで、これらを網羅的（関連するあらゆるものを集めた様子）に試すのは時間のムダです。

では、どうすればいいのでしょうか？

無数にある勉強法……あなたに必要なのはどれ!?

科目ごとの勉強法

国数英社理それぞれの勉強法

暗記型科目の勉強法

年号、英単語、元素記号
……などの勉強法

理解型科目の勉強法

方程式、国語の文章題、
英語長文の読解……などの勉強法

特殊なデバイスや文具などを使った勉強法

スマホ、タブレット、パソコン、
ICレコーダー、青ペン
……などを使った勉強法

レベル別の勉強法

苦手を克服する、平均点を目指す、
難関校を目指す……などの勉強法

定期試験用の勉強法

受験用の勉強法

モチベーションが上がる勉強法

アメとムチを使う、明確な夢を持つ、
あこがれの人とする
……などの勉強法

効率的な計画の立て方をベースにした勉強法

短期計画、中期計画、長期計画
……などの勉強法

ライフスタイルや個人の特性に合わせた勉強法

朝型、夜型、部活中心
……などの勉強法

■ まずは友だちを「まねぶ」ことから

そこでまずオススメなのが、「まねぶ」です。

「まねぶ」とは誰かを真似(まね)して学ぶこと。さらに、それを自分に合うようにアレンジしていくこと。勉強法に限らず、何かを身につけるときには大切な考え方です。

一番早いのは、**「勉強ができる友だち」の勉強法をまねぶこと**です。わからないことが出てきても直接聞けて、すごく取り入れやすいはずです。

もちろん、友だちに限らず、学校の先生や親、きょうだい、親せきの人に聞いてもいいですよ。

「いつもここでつまずくんだけど、どうやって勉強してる？」と、率直(そっちょく)に聞いてみてください。

「教えてほしい」といわれた子にとっても自信になるし、嫌な気はしません。誰かに教えることで、改めてその勉強が頭に入るので、聞かれた子もしっかり勉強の内容を定着(ていちゃく)させられる利点があるくらいです（→113ページ）。

こちらも教えてもらったら、そこで満足せずにすぐ実践(じっせん)を。体験して学べることは

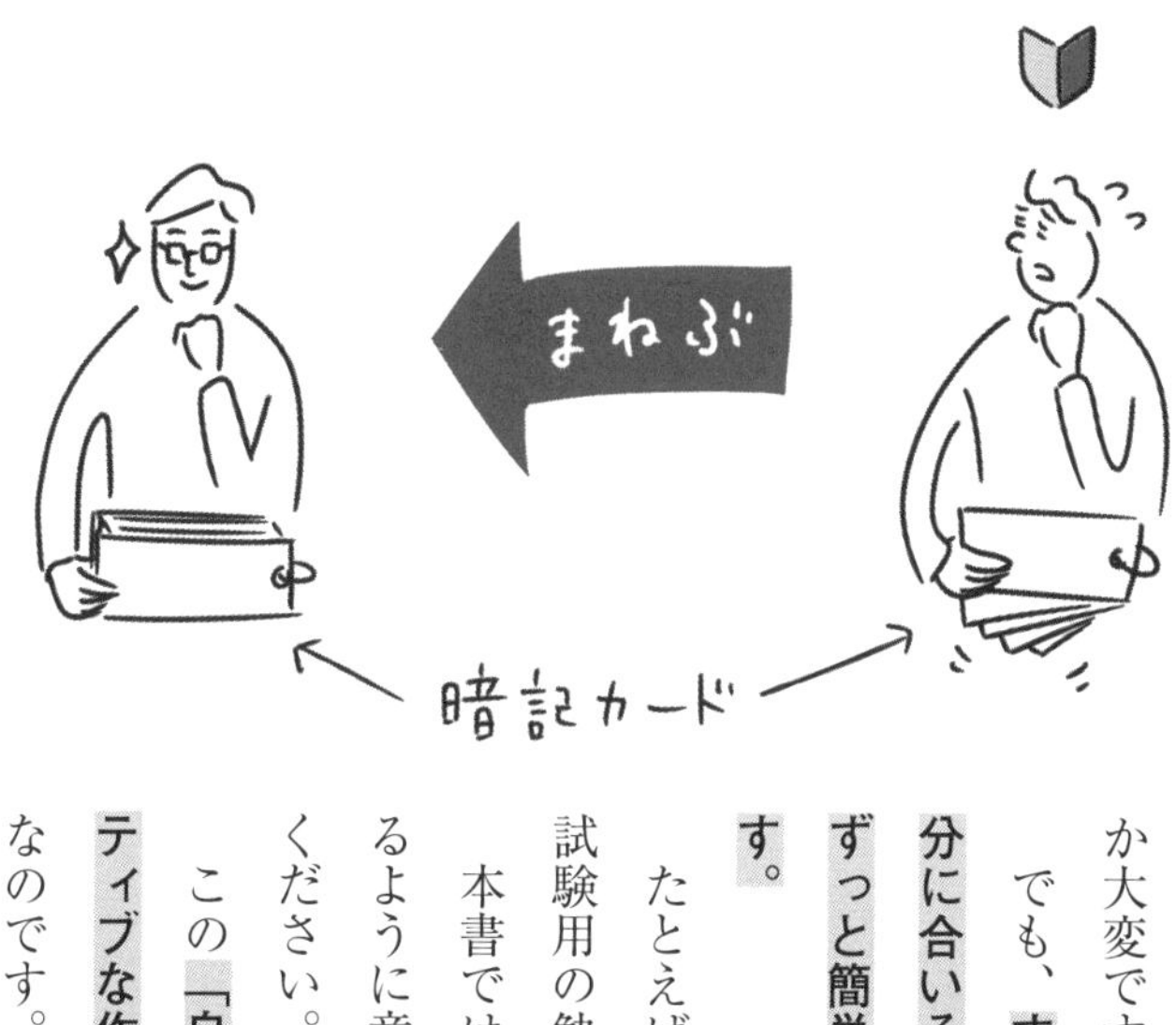

勉強法は「まねぶ」からはじめよう
まねぶ
あごに手を当てて…
暗記カード

すごく多いので、まずは行動に移してください。

自分のための勉強法をゼロからつくるのはなかなか大変です。

でも、**すでに誰かが成果を出した勉強法から、自分に合いそうなものを真似て、アレンジしていけば、ずっと簡単に効果が出せる勉強法が組み立てられます。**

たとえば、計画の立て方や、各教科の勉強法、各試験用の勉強法を上乗せしていくのです。

本書ではそうした総合的な勉強法を手に入れられるように章立てしているので、意識して読み進めてください。

この**「自分なりにアレンジする」というクリエイティブな作業が、自宅学習の一番おもしろいところ**なのです。

05

やると決めた勉強法は忠実に守ったほうがいい？

▼どんな勉強法も自分流にどんどんアレンジを

■自分でアレンジすることを恐れない

真似（まね）して学ぶ「まねぶ」には、アレンジするまでの意味が入っていると書きましたが、どんなに完成された勉強法だと思っても、それを自分に合わせてどんどんアレンジしていくことを、どうか恐（おそ）れないでください。

私もそうでしたが、学生のうちは「これ」と言われると、「これ」か「これじゃないか」の白か黒となりがちなところがあります。

それは、小学校時代に先生に言われるまま勉強してきた習慣が抜けきっていないからかもしれません。

私には小学生の息子がいるのですが、「これを5回音読してきなさい」と宿題が出たりすると、私は勝手にアレンジしています。まず1回読んだら、「よし、次は本番ね。これでカッコよく読めたら、それで終わりにしていいよ！」と。言われたまま、ただ5回くり返すより、そのほうがずっと集中して読めるからです。

勉強法に正解はありません。**「この勉強法がいい」と言われても、まったくその通りにする必要はない**んです。それは、この本に書かれている勉強法も含めていえることです。なので、それを頭の片隅において読み進めてください。

■その勉強法に少しでも可能性が残っているか

「継続は力なり」という言葉がありますが、新しい勉強法を試すときも、ある程度続けてみないと効果が判断できないことがあります。

私はよく、**「勉強法を試すときは、1週間はやってみたほうがいい」**と言っています。この1週間に何か明確な根拠があるわけではないのですが、これまでたくさんの中学生の勉強を見てきた中での1つの結論です。

やっぱり1日や2日やっただけじゃ、その効果はわからないと思います。

これは恋愛と似たところがあります。「この人、絶対無理だ！」という人とつき合い続けるのはつらいので、それはもうお別れしたほうがいい。

でも、「この人のことまだよくわからないけど、もしかしたらいいところがあるのかもしれない」という淡い期待が少しでも残っているなら、ぜひとも1週間はおつき合いを続けてみてください。

ジャッジする際のポイントは主に2つ。

●時間的・作業的・金銭的な負担が少なく、続けられそうか？
●成果を出せそうか？　あるいはアレンジすることによって成果が出そうか？

そして、1週間のお試し期間の中で、「こうしたら私には効果が出るかも」というアレンジが浮かんだら、ぜひ実践してみてください。もしそれで効果が出るなら、モチベーションが上がってどんどんおもしろくなっていきます。

筋トレやダイエットは1週間くらいじゃそんなに効果が出ないかもしれないけれど、勉強は出ます。

ものは試し。まずは1週間、本気で続けてみてください。

勉強法は1週間は試してみて

1週間後

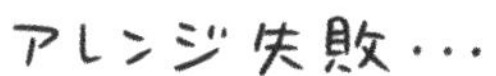

ステキ!

サヨナラ!

06

ドリルや参考書は、どれを選んだらいい？

▼書店で実際に見て、自分の感性で決めよう

■誰かの推薦やクチコミだけを信じすぎない

学校の教科書やワークだけでも十分に勉強できますが、自分はもっとできそう、これだけじゃ物足りないなと感じたら、そのやる気を大事にしてドリルや参考書などを追加で購入してもいいでしょう。

「どんなドリルがいい？」「オススメの参考書は？」と聞かれますが、**有名人の誰かが推薦(すいせん)していたり、クチコミの評価が高かったドリルや参考書を、よく見もしないでそのまま買うのはやめておきましょう。**

最初から評判だけを頼りにすると、結局自分とはかみ合わず、勉強するうちに「違うな」と思い始めることになるからです。

■ネットよりも直接手にとれる書店で

したがって、私は**ネット書店よりリアル書店に行くことをオススメします。**実物が手に取れ、自分の感覚に合うものを見つけやすいからです。

マンガや雑誌はよくひもで縛ってありますが、参考書やドリルはそのまま並んでいるので、少しパラパラと中身を見ることができます。それを見たうえで、**「これで勉強したい」と思えるもの**を選んでください。

そもそも、書店で売っているドリルや参考書はどれもよく考えてつくられているので、基本的にハズレはありません。

同じ理由で、本人ではなく**親に選ばせて、買ってきてもらうこともやめましょう。**この機会に、ぜひ自分で決める力を養（やしな）ってください。

自分で決めたドリルや参考書には、自然と愛着（あいちゃく）がわきます。自分の目でよく選ぶこの過程があることで、続けられるドリルを手に入れられるんです。

07

やってはいけないNG勉強法は？

▼いつの間にかただの「作業」になっている

■勉強が「作業」になってしまうとき

勉強法はどれもよく考えられているし、合う人には合うという話をしました（↓34ページ）。でも個人的には、あまりオススメしない勉強法もあります。

たとえば、**「オリジナル英単語帳をつくる」**という勉強法です。一見すごくよさそうだし、実際にやっている人も多いでしょう。でも、すでに優秀な英単語帳が売っていたりするのに、わざわざ英単語帳を自分で書いてつくると、それだけでかなりの労力と時間を要します。

しかも、つくっている間はきれいに書くことを意識したり、工夫する作業に気持ちがいってしまうので、あまり勉強になりません。つくり上げるまでが大変だからそれで満足して、結局そんなに使わないことも。

あと、**「覚えるために10回書く」**なんかも、勉強じゃなく作業になってしまいがちです。とにかく数多く、10回も書くことを念頭に置くと、後半はただただ同じ作業をくり返す意識におちいってしまうんです。

それなら、「2回だけ書いて覚える」にしたほうが、1個書いて、もう一度だけ書く、その2回に対する思いが強くなるから、頭に入りやすいのです。

■「芸術」の域に入ってしまう子も

たまに**「帰宅してから学校のノートをきれいに書き直す」**子がいますが、これももったいない作業に感じます。

最近はノート提出がある学校も多くて、ノートをきれいにしたいと考える子がいます。それはもう、作業を超えて「芸術」の域になっちゃってるんです。でも、全部書き直すというのはやっぱり二度手間です。

この1時間は「勉強」する時間なのか、ただノートを書く「作業」の時間なのか、**冷静に考えると、どちらが成績に直結する時間なのかわかるはずです。**

コラム

1

葉一も聴いていた深夜ラジオ

私は高校時代、眠気覚ましによく深夜ラジオを聴きながら勉強しました。勉強効率はとても悪いんだけど、そこは息抜きとして割り切って。

部活ですごく疲れた日とか、「もう今日はラジオがなきゃ生きていけない！」みたいなテンションのときには、全然アリだと思う。

ちゃんと時間を決めたりもしたけど、「今日はもうアカン！」ってときは、気がすむまで聴きました。そこで満足して、「もう1回やるか！」という気持ちに戻れることもあったり。

1人で勉強していると、癒しが必要なときもあると思います。そんなときはあまり無理せずに息抜きもして、またがんばりましょう！

第2章

1人で乗り越えるための「計画の立て方」

「よし、勉強しよう！」と思っても
ただがむしゃらに進めるのは非効率的。
まずは効果が高い勉強計画を立てましょう！

01

テストに向けて勉強の計画を立てるコツは？

▼自己プロデュースするイメージで計画しよう

■計画はその目的を明確にすることが大事

テストの点を上げるには、しっかり勉強計画を立てるのが効果的です。イメージとしては、「どうしたら自分の点は上がるか？」を、自分でプロデュースする感じです。

ただし、やみくもに計画を立てると失敗してしまいます。左ページのような5つの順番で自分の能力を冷静に分析しながら、無理のない計画を立ててください。

定期テスト期間の前なら次のテスト範囲(はんい)を勉強することになるし、受験勉強をするなら、定期テスト対策をしつつ入試の過去問を解くという2つの目的を持つかもしれません。

勉強法と同じように、計画の立て方もどんどん自分流にアレンジしてください。

勉強計画を立てるときに押さえておきたい5つの「？」

1　定期テストか、あるいは受験のためか？

定期テストのためか、受験のためかで、勉強の仕方も計画の立て方も大きく変わります。

2　テストはいつ？

明日、1週間後、半月後、1カ月後……で1日あたりの勉強時間や取り組み方も大きく変わります。

3　目標の点数はどのくらい？

目指すのは平均点？　苦手科目の点数UP？　全教科90点以上のトップレベル？　それぞれ戦略が異なるため、ここを明確にせずに、やみくもに勉強するのは非効率です。

4　目標を達成するには何を、どのくらい勉強するべきなの？

効率よく目標達成するためにあえて捨てる単元を考えたり、苦手教科を中心に勉強するなど、さまざまな戦略を考えてください。

5　1日どれくらい勉強すればいいの？

何事も、計画通りに進めることは難しいものです。あえて計画がくずれることを想定した、余裕を持った計画を立てましょう。本当に実現可能なのか？　もっと効率よく進められないか？　をよく検討しましょう。

02

学習計画を立てるときのポイントは？

▼長期・中期・短期計画は、進行確認の給水所をつくるイメージで

■一番長いのは高校受験までの長期計画

中学校生活全体で考えるなら、高校受験合格までの勉強計画が一番長いものになります。ただ、そこまでの計画をしっかり立てていくためには、まず志望校が決まらないと難しいでしょう。

志望校が決まれば、そこで各教科何点くらい取らなければいけないかがわかり、今の自分の学力からするとどれくらいの勉強量が必要なのかというのも、おのずと見えてきます。

したがって**志望校は、できるだけ早めに決めるべきです。**なぜかというと、やっぱり目標が明確になるから。まだ1年生だとなかなか難しいかもしれませんが、少なく

とも自分の地域にどんな高校があるのかだけはチェックしておいてください。イメージがしやすくなるはずです。

私も、大学受験のときには目指すところまで偏差値がかなり足りませんでした。でもそこであきらめずに、偏差値を上げるにはどんな勉強をすればいいかを考えることにしたんです。

試験日までの残りの日数から逆算して、1日にどれくらいの勉強量が必要かを割り出し、計画を立てました。

実際はスタートが遅かった分、かなりきついスケジュールになってしまって体調をくずしたのが大きな反省点なんですが、志望大学合格という目標をどうにか達成することができました。それは私にとっても自信になっています。

もしあのとき、ちゃんと計画をしないで、なんとなくがんばって勉強するだけだったら、絶対に届かなかった目標だと思います。

■中期計画や短期計画はより具体的に

受験までを長期計画とすると、もう少し小さな区分けで、1カ月の目標を立てて勉強量を決める中期計画や、1週間・1日の勉強内容を決める短期計画があります。

なんでそれぞれを区分けするかというと、その1カ月、1週間、1日の終わりごとに、**「目標は達成できたかな？」とチェックするポイントをつけてほしい**から。

長いマラソンの間に給水所（きゅうすいじょ）をつくっていくイメージです。

この給水所があることで、「今日はドリルをあと4ページ進めないと間に合わないな」という勉強のペースも明確になってきます。

今の自分の進みが早いのか遅いのかがよくわかる。これをやっておかないと、受験の1カ月くらい前で「あ、ヤバいかも」となります。そこで気づくのでは遅いんです。

■ チェックポイントはどれくらいつくればいいか

こうした勉強計画は、決まりきったフォーマット（よく使われる形式。書き込んだり、入力するだけで完成しやすい）はありません。自分で好きなところに給水所のようなチェックポイントをつくっていきましょう。

毎回同じ間隔で「予定より多く進められたな」「ちょっと少なかったかも」をチェックして、次の日からの計画を微調整（びちょうせい）していきます。

短期計画を積み重ねて、中期・長期計画を達成させる

長期計画

中期計画	中期計画	中期計画
短期計画・短・短・短・短・短・短	短・短・短・短・短・短・短	短・短・短・短・短・短・短

それぞれの計画の区切りが、
目標の達成度を確認する
チェックポイントの目安。

短期計画　１日単位、あるいは数日から１週間程度の計画

中期計画　定期テスト・学期末などを意識した２週間〜３カ月ほどの計画

長期計画　受験や年度末を意識した１〜３年の計画

よく「計画のチェックは1カ月ごとですか、1回でいいんですか？」なんて質問されるのですが、それは自分がやりやすいように決めてください。

ちなみに私は、あまり細かく立てると「めんどくさ！」ってなっちゃう人だから、1週間に1回でした。

あくまでも自分が必要だと思うチェックポイントだから、必要なだけたくさん、好きに組んでいいですよ。

計画の立て方

03

勉強計画は「時間」ではなく「量」で決める

▼勉強への集中力をより高めることができる

■区切りをつけるなら「勉強量」で

勉強にはメリハリが必要です。時間が許す限りずっと勉強し続けることができる人はいいけれど、たいていはそんなに続けたら集中力が切れてくる。無理やりだらだら勉強を続けても、意味はありません。

したがって、勉強は**「時間」ではなく、「勉強量」で区切る**ようにしましょう。

勉強するときに、「今から3時までやるぞ！」「2時間勉強するぞ」と時間で決める子は多いのですが、そこには問題があるんです。

なぜなら、「時間」よりも「何をどれだけやったか」のほうが重要だからです。

ダラダラしたとしても、3時間机に向かっていると、なんとなく「がんばった感」

が出て、「勉強をしたつもり」になってしまいます。これは大きな勘違いです。

大事なのはその時間で勉強した内容の濃さ。集中すれば1時間で終わるものに3時間もかけていたとしたら、もったいないことですよね。

■ 時間を目安にするのは目標設定と休憩だけ

一方、勉強量で区切りをつけるというのは「今日はまず、数学のワークの○ページまでを終わらせたら休憩にしよう」という考え方です。

そこで、「よし、ここまでを今から1時間以内に終わらせよう！」と、目標としての時間を決めるのはOKです。そこでゲームにチャレンジするような気持ちになれれば、問題への集中力も増します。

そして、**やると決めたところまでは時間が多少伸びても必ず終わらせる**こと。鉄則だと思ってください。

そして、合間合間に休憩時間を入れておきましょう。**あまり長くとると気持ちが勉強に戻れなくなると思うので、5分〜15分くらいがオススメ**です（休憩のとり方については116ページ参照）。

計画の立て方

04

「目標は高く！」よりも「絶対にやり切る！」と言える計画に

▼ちゃんとやり切ることで、自分の自信になる

■ 高い目標も達成できなければマイナス

「次の定期テストで○点取る」「志望校に合格する」など、何か目指すものが決まったら、そこまでの残りの日数を計算して具体的な勉強の計画を練っていくべきだと伝えました（↓46ページ）。

（↓46ページ）

ワークのページ数や暗記する英単語の数など、今日は何をどれくらい勉強するのか。今週中、そして今月中にはどこまでを目標にするのか……。

その**区切り方、勉強量は自分のペースに合わせ、「絶対にやり切る！」と言える目標にしてください。**

無理な目標を立てて、それを達成できないと、「まあ、しょうがないか」と自分に

あまくなったり、あるいは「やっぱり自分はだらしない人間だな」と、自信をなくし、自宅学習を習慣化できなくなってしまいます。

■ 計画に問題が出たら、そこで見直すことも必要

とはいえ、「自分のペース」というのは、やってみて初めてわかるもの。したがって、いかに軌道修正するかも大切になります。

たとえば、１日30個の英単語を暗記するという目標を立てたものの、**「覚えきれなくて次の日に回してばかりだな」「自分には多すぎたかも」と感じたら、計画は立て直すべき**です。20個でも10個でも5個でも、自分が確実にその日に覚え切れる量にしてください。

もちろん低すぎる目標は効果がうすいので、「がんばれば達成できそう」のラインを見きわめること。

それを1日1日達成していくことで、「これだけやり遂げたんだ」という自信につながっていきます。

05

計画は多少くずれても取り返せる余裕をもって立てる

▼計画がくずれることを前提にすれば、あせらなくてすむ

■最初は勉強量も正確につかめない

「自分で立てた計画は絶対にやりきるべき」なのですが、その一方で「完璧(かんぺき)な計画」などありません。これを誤解していると、ちょっと計画がくずれただけで「もうダメだ！」と投げ出しかねません。

そうならないように、**計画は多少くずれるものだという前提で立ててください。**

計画を細かく決めたところで、ズレるものはズレます。風邪(かぜ)をひくなんてのはその典型で、思いがけないアクシデントは起こるものです。

最初はたくさん失敗しても、軌道(きどう)修正していけば、「今日の自分のコンディションだと……」と、勉強量がつかめてきます。そうなれば、計画もより立てやすくなって

いきます。

■ 急な予定でも簡単に計画はくずれる

慣れてきたあとにも、急な用事が入って計画がくずれることはよくあります。そんなときもあせらないこと。その日にやる予定だったところを減らした分、ほかで調整をして計画を練り直しましょう。そんなときのためにも、**やはり数日は余裕のある計画を立てておくのがベスト**です。

したがって、私は定期テストの計画を立てるときは、**テスト前の3日間は計画を入れない**ように伝えています。完全にフリー。つまり、計画がずれたときにやり残したことをするための予備日として設定しておきます。

もちろん、自分が持っている時間は限られています。優先順位の高いものを中心にこなし、それ以外のものは余裕があれば手をつけるくらいの心持ちで計画を立てるのも、時間が差し迫ったときには有効な戦略です。

ともあれ、正しい計画なんてありません。自分を信じて、最終的に帳尻を合わせられるよう、段取り力を身につけていきましょう。

06

「今日のご飯は何時頃？」と事前に聞いておく

▼中途半端なところで勉強を中断しなくてすむ

■夕食の時間に合わせて計画を立てる

せっかく立てた勉強計画をくずさないために、家でお願いしておいたほうがいいことがあります。それは、**「わかる予定は聞いておく」**ということ。**特に、「夕食の時間」は事前に聞いておいてください。**

自宅学習だと、「ごはんできたよー」と呼ばれれば、そこで一度勉強を中断しなければならないことが多いですよね。これはかなり勉強効率を下げます。

第4章でワークの丸つけは解いた後すぐにやるという勉強ルーティンを紹介しますが（→100ページ）、丸つけをして、その答えの解説を読むところまでをセットにするかしないかで、理解度はだいぶ変わります。より集中して効果を上げるためにも、夕食の時間でちょうど切りがよくなるように計画するべきです。

■家族にはどうやって協力をお願いする？

ただ、「夕食は○時にして」とこちらから注文したりするのは、家の人にストレスを与えます。したがって、「今日はだいたい何時ぐらいになりそう？」と軽く聞く程度にしてください。そして、「その時間に合わせて勉強しようと思って」など、理由もちゃんと伝えること。

勉強のためにと言われれば、変にイラッとされたりせずに、「ああそうなの？」と教えてくれるはずです。それどころか「この子、勉強がんばってるみたい……！」ということになって、**さり気ない勉強がんばってるアピールにもなります。**

勉強計画でいうと、**休日の予定なども、できれば早めに教えてもらいたい**ところです。

数日前に聞けていたら、前日の土曜日に集中する計画にするなど、何か手を打てるはず。これも夕食の時間と同じように、ちゃんと理由を伝えて協力してもらうようにしましょう。

07

どんなに疲れて、へこんでいても、勉強をしない日はつくらない

▼自己肯定感をなくさずに生活のリズムを保つことができる

■ 5分でもいいから、絶対に何か勉強する

部活で疲れたり、人間関係で落ち込んだり、中学生活には日々いろいろなことがありますよね。

でも、それを理由に**1日でも完全な勉強オフ日**（勉強を1分もしなかった日）**をつくることはさけてください。**マイナス面がとても大きいからです。

そんな日は、**5分でもいいので絶対に何かやってください。**少しでも勉強を進めることで、「昨日は何も勉強しなかった！」という罪悪感が軽減できるし、今がんばっている緊張（きんちょう）の糸を切らずにすむからです。

これは、何かに落ち込んでへこむことが悪いと言っているわけじゃないんです。へ

こむようなことがあったときには、思い切りへこんでいいと思う。でも、そんなときにも勉強だけは少しずつ進めよう、という話です。

■ 勉強オフ日は自己肯定感を低くする原因に

中学生のみんなは、全体的に自己肯定感がすごく低いところがあります。

そこへ、どんな理由があるにせよ「私は今日勉強をしなかったダメな人間」というレッテルを自分で貼ってしまうと、ますます自己肯定感は低くなり、気分の落ち込みも長引いてしまいます。

でも、どんなにへこんでいても、そこで英単語の暗記を10個だけやれたら、「10個はがんばれたよね」と、自分を肯定してあげることができますよね。

「10個しかできなかったなぁ」と思ったりもするでしょうが、あとで気持ちが回復してきたときに、「あのときは相当へこんでたけど、ちょっとだけでもがんばれたよね」と思えたなら、**受験を乗り越えるために欠かせない自己肯定感も損なわずにすみます。**

勉強のリズムも、大きく乱されません。

コラム

2

勉強ができる人ほど生活が充実する?

勉強に苦労した私の高校時代、まわりにいた勉強ができる友だちにいろいろ話を聞いて驚いたのが、みんなそんなに勉強ばかりに時間をとられていないことでした。

当時、私が通っていた学校は進学校になろうとしていて、高2のときに1時限目の前に「0時限目」が始まりました。朝は7時半くらいからの登校です。でも、ある友だちは、なんとその前に大好きな釣りに行っていると言うんです。そのために夜も早く寝ていると。

私が勉強するために睡眠時間を削ろうとしていると話すと、彼は「バカなの?」という反応で、こう続けました。

「意味がわからない。なんで人としてやらなきゃいけないところまで削ってるの?」

そう言われて、私もはっとしました。

半信半疑だったものの、睡眠時間はちゃんと確保しようという前提で計画を立てると、物理的に勉強時間は減るものの、集中はしやすくなりました。

そして、短い時間でどう効率的に反復演習などをしていくかにシフトした結果が、今につながっています。

第3章

学校では教えてくれない「テスト対策」

日頃の勉強の成果が出る、学校のテスト。
内申点、高校入試につなげていくためにも
今からできるテスト対策を始めてください！

テスト対策

01

テストの点を上げるにはどこから手をつければいい？

▼全部やるのではなく、まず2教科を上げることに集中する

■同じ300点ならどちらを選ぶべきか

みんな基本的に国数英理社の5教科で勝負していると思いますが、それをまんべんなく全部がんばろうと、あせって空回りしてしまう子がいます。

では、次のAとBはどちらがいいと思いますか？

A：5教科が全部60点で合計300点

B：100点、100点、100点、0点、0点で合計300点

お父さんお母さんは、Aを求めがちです。親心として苦手科目はつくってほしくな

いだろうし、全体的に底上げして平均点をとらせてあげたいという気持ちはわかるのですが、**勉強に苦手意識が強い子は、まずはBを目指してほしい**と考えています。

もともと全部が70点以上の子なら、全体的に底上げできます。ただ、平均点になかなか届かないという子たちは、全教科をやろうとすると、勉強のエネルギーが5教科に分散され、テストの点数も中途半端にしか上がりません。

■こだわってほしいのは結果を出すこと

勉強のモチベーションを上げるためにすごく大事なのは、「成績が上がる」体験です。「がんばったのに全然上がらなかった」は、できれば体験してほしくない。だからこそ、最初はがんばる教科を絞ってやることも方法の1つなんです。

本当は1教科からでもいいのですが、それだと不安だという子もいるので2教科。余力があれば、3教科でも。「今回のテストでこの教科は絶対に点数を上げる！」と腹をくくれる教科に限定して挑んでください。

そこで「点数が上がった！」という成功体験を得られれば、勉強の楽しさを実感できるし、次回から勝負する教科数を増やそうというモチベーションにもなります。

テスト対策

02

数学ができるようになるには？

▼数学は「積み重ね」の教科。時には「捨て問題」も必要

■数学は「積み重ね」の教科

多くの中学生が数学でつまずく理由は、その「積み重ね」という要素(ようそ)にあります。

今、**目の前の問題を解くためには、そこに続くその前の単元も身についていないと解けない**ことが多いんです。

たとえば中学1、2年の計算ができなければ、3年の計算も理解できません。この認識がないと、問題が解けない原因もわからなくなるので、「ダメだ、やっぱり数学は難しい！」と苦手意識を持ってしまいがちです。

それに対して理科などは、それぞれの単元ごとに違う分野の話になるので、1年の内容が頭に入っていなくても2年の勉強が進められます。

でも数学はそうもいかない。「数学をがんばろう！」と思ったら、今やっているところだけでは完結しません。

■ワークの「反復」も大事

そして、数学では問題演習をくり返しやる「反復（はんぷく）」も重要になることを認識していないと、やっぱりつまずきます。

5教科の中でも、数学はワークの問題をこなしたらこなしただけ、その勉強量が結果に結びつきやすい教科です。ただし、ワークの問題は「1回解いたら終わり」ではなく、何度もくり返しやることで初めてしっかり身につきます。

くり返すといっても、最初から最後まで全部くり返すわけではありません。最初に解くときには次の基準にしたがって、**◯△×の印をつけてください。**

◯：「余裕で解けた！」という問題。

△：正解したけど自信がなかったものや、ヒントを見て答えたもの、おしかったものなど。

×：まったくわからなかった問題。

○は、時間がもったいないからもう一度やる必要はありません。

△と×は、確実にできるようになるまで何度もくり返してやってみてください（ただし、次にお伝えする「捨て問題」に当たるかどうかの判断は必要です）。

このメリハリがあることで、まだ不安が残っている問題に集中して勉強ができます。勉強効率も上がって、結果にもつながります。

■ワークには「捨て問題」にしていいものも

数学のワークをやるときに（数学に限ったことではありませんが）、もう1つ注意したいことがあります。それは、最初からあきらめて勉強をしない**「捨て問題」を見極める**こと。これがとっても大事なので説明します。

今はどのワークにも、たいていその問題のレベルが書いてあります。たとえば、基礎問題、応用問題、発展問題というように。

発展問題はかなり難しい問題です。先ほどの○△×のうちの「×」に当たる問題が

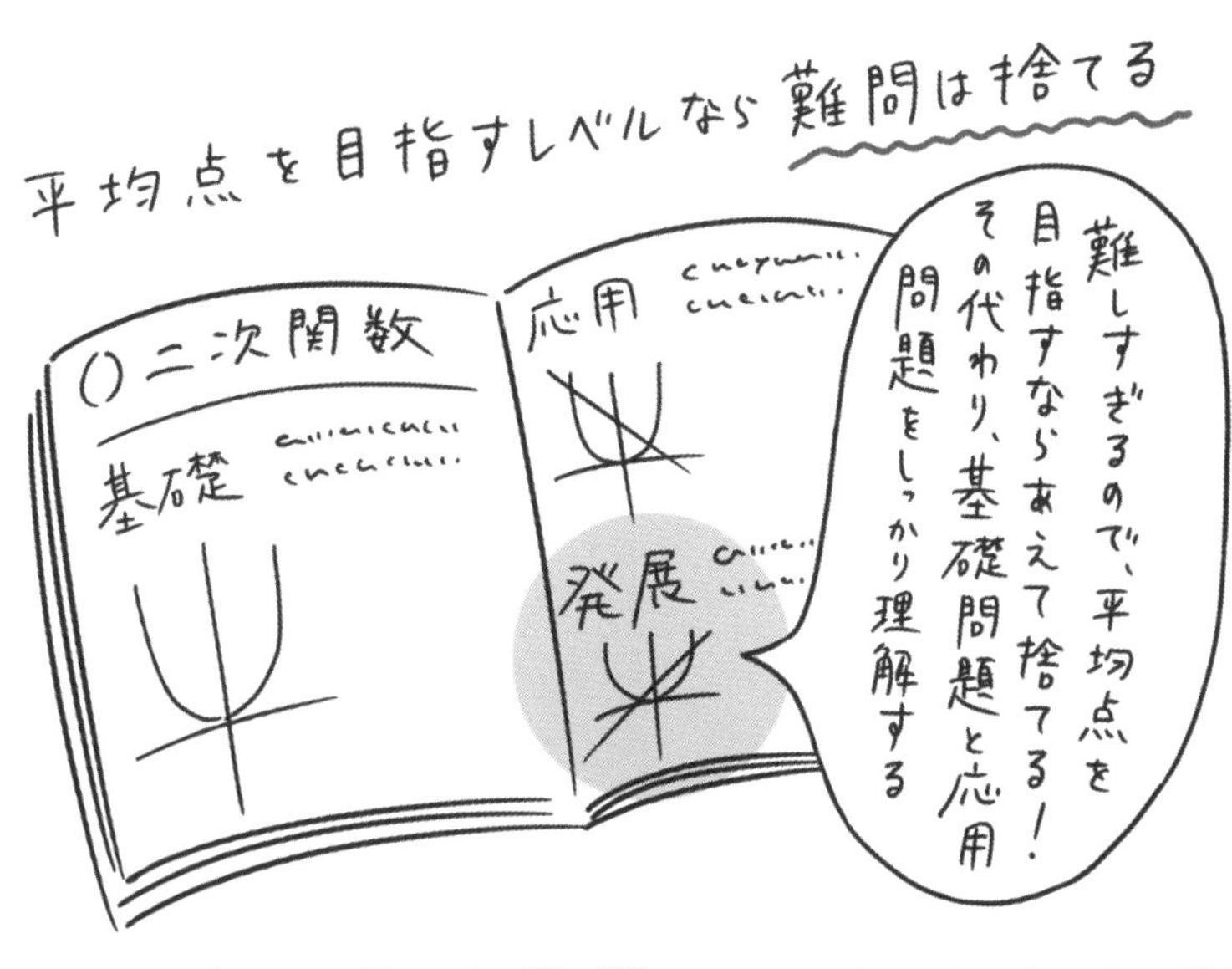

該当（がいとう）することが多いでしょう。これは定期テストでいつも80点以上をねらうくらいのレベルならがんばってやるべきですが、まだそこまでないのであれば「捨て問題」にしてもいいでしょう。

少なくとも、まだ平均点を目指しているところなら、**発展問題に時間をかけるより、基礎問題や応用問題が確実にできるように力を入れてください。**成績を上げていくためには、確実に正解できる問題を徹底的（てっていてき）に増やすことと、その見定めがとても重要です。

それはワークだけではなく、本番のテストでもいえることです（→76ページ）。

問題を捨てる勇気を持って、自分の力で解ける問題を増やしていってください。

テスト対策

03

英語はどこから手をつければいいの？

▼がんばろうと思ったその日から、英単語暗記を始めよう

■英語の2本柱は「単語」と「文法」

英語は、**単語がわからないと何も手が出ません。**当たり前のことですが、こうした現実から目をそむけてはいけません。

もちろん発音も大事ですが、まずはこの「単語」と「文法」の2本柱の力をベースにして伸ばしていきましょう。

この2つの柱のうち、**中学校で習う「文法」は、実はそこまで多くありません。**英語が苦手だという人はものすごく膨大（ぼうだい）に感じていると思いますが、数えてみると意外とないんです。1、2週間本気でやれば、全部覚えられるくらいの量しかない。

だから文法に関しては、そこまで心配しなくていいのです。それよりも、単語のほ

うが英語の問題を解けない原因になっている人が多いはずです。1つの単語がわからないだけで、英文の意味がわからないことはよくあることです。

■英単語の暗記を日々の日課に

英語を勉強しようと思ったら、文法といっしょに単語も同時進行で、どんどん覚えていってください。**中学の3年間で習う英単語は1000語以上**もあります。

気が遠くなったかもしれませんが、それを全部完璧(かんぺき)に覚えなきゃいけないわけではありません。あまり使わない単語を知らなくても、そこまで支障(ししょう)は出ないはず。逆に絶対に外しちゃいけないのは、そのうち400〜500くらい。それをクリアすれば英文もかなり読みやすくなります。

5個でも3個でも、1個ずつでも、自分ができそうな範囲(はんい)で1日に暗記する数を決めて、習慣にしてください（具体的な暗記の習慣については94ページ参照）。

教科書の単語を順番に覚えていってもいいし、書店で単語帳を買ってもいいです。**今の単語帳は前から順にレベルが上がっていくものがほとんどなので、最初から順にやれば、自然とよく使う必須のものから覚えられます。**

テスト対策

04

国語の勉強で気をつけることは？

▼文章題ができるのは一度きり。解説をよく読み込もう

■ワークは一度やったら破り捨てる気持ちで

国語は、数学などとは違ってくり返し学習がしにくい教科です。ワークを何度もくり返し解くより、1つの問題をしっかり掘り下げて、なぜその答えになるのかを理解するほうが力をつけられます。

もちろん、文法や漢字の読み書きの問題ならくり返しやっても意味があります。でも文章問題は、一度解いたら答えを覚えてしまうので、もう一度解く意味がないんです。

では、どうすれば国語の成績を上げられるのでしょう？

■問題を解くより解説を読み込むほうが大事

例外として、定期テストは基本的に学校の教科書から問題を出すので、テストの点を取るために同じ教科書の文章題をやる意味はあります。ただ、高校受験の問題は当然のこと初見（しょけん）の文章問題になります。

「○○が意味するものを本文から3文字で書き出しなさい」とか、「4つの選択肢から内容に合っているものを1つ選びなさい」という問題はよくありますが、当然、その答えは出題された文章によって変わります。

したがって、国語の問題は解くことそのものより、そのあとしっかり解説を読み込むことのほうが大事です。

なぜこの選択肢が正解だったのか、何がひっかけだったのかなど、問題をきちんと分析すると、出題パターンが見えてきて、まったく違う文章問題にもいかせるようになります。

国語の参考書を選ぶときも、私はその参考書の問題ではなく、答えの「解説」部分を見て決めることをすすめています。

理科と社会はどうやって暗記する？

▼理科は計算や実験も大切。社会は情報を関連づけて覚えよう

■ 理科には計算があり、実験なども重要

暗記科目といえば理科と社会ですが、この2つは同じようで違うポイントがあります。

まず、**理科は暗記だけではなく、電気や重力、密度などの単元では計算も出てくるので、そのくり返し演習も必要**です。

それから、**言葉の暗記だけでは歯が立たない「実験」がある**のも大きな特徴です。

定期テストでも受験でも、実験はとても出やすいコンテンツです。

ところが、実験を「そんなのもあったなぁ」くらいにとらえていると、点が伸びにくくなる落とし穴にはまります。

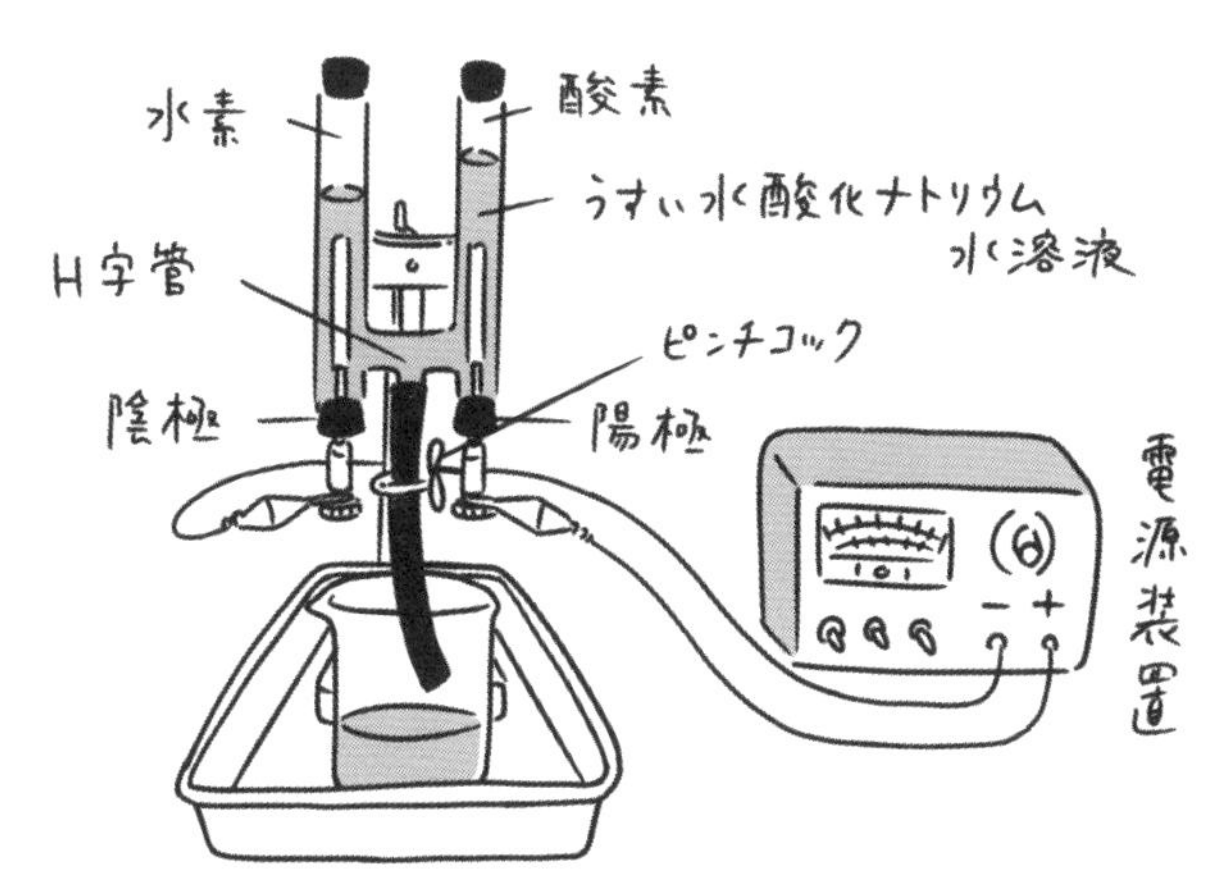

目的：水を水素と酸素に分解する。
結果：水にうすい水酸化ナトリウムを混ぜて電流を流すと、水素と酸素が２対１の体積比で生成される。
実験器具：H 字管、電源装置、ピンチコックなど。

実験は、何をやるかという**「目的」**、何がわかるのかという**「結果」**、そこで使う**「実験器具」**などをセットで押さえておく必要があります。

たとえば水の電気分解の実験なら、それぞれ上のような内容になります。最初にこの全体像を頭に入れたうえで、そのためにどんな「手順」で実験するのかを覚えていくと、わかりやすいと思います。

あとは**「注意点」**も実験ではよく問題に出るので、チェックしておきましょう。

「注意点」とは、ほかの実験の例ですが、「刺激臭（しげきしゅう）のあるものは直接かがずに手であおぐようにかぐ」など、ここに気をつけようねというポイントです。

テストでこうした実験をポロポロとりこぼす人がすごく多くて、本当にもったいないので、これから理科の成績を上げたいと思う人は、まずは実験を大事にしてください。

■ 社会の暗記は問題演習とセットで

一方で社会は、完全に暗記科目です。でも、社会は教科書に書いてある言葉を暗記するだけだとテストの点が伸びないという落とし穴があります。

たとえば「織田信長（おだのぶなが）」を覚えても、その使いどころがわからないと意味がないんです。「織田信長って、何の答え?」がわからないと得点にはならない。

これを乗り切るためには、**暗記とそのあとの演習問題をセットにする**必要があります。暗記した言葉と、それが答えになる問題を組み合わせて頭に入れていく作業です。

社会はこれをやらないと、驚（おどろ）くほど伸びません。

でも逆に言えば、ちゃんと暗記と演習をセットでやるとすごく伸びやすい教科でもあるんです。

演習を重ねると、「織田信長」に「安土城をつくった」「本能寺の変で天下統一がなくなった」といった情報もリンクできるようになります。

そのつながりは上の**マインドマップのような形に描くととてもわかりやすくなります。**

演習を重ねれば、こうしたマインドマップのようなつながりが、頭の中に自然とつくられていくんです。

06

テスト時は見直し用に△や×印をつけながら解く

▼より効率よく見直しができて、テストの点も伸びる

■テストでケアレスミスをなくすためには

66ページでは、数学のワークでは捨て問題をつくり、確実に解けそうな問題にのみ注力したほうがいいとアドバイスしました。この考え方は、テストにも通用する考え方です。

つまり、テストにおいても問題の難易度を意識します。

具体的には、問題を解きながら印をつけていくやり方です。

つける印は自由ですが、私は△と×を使っていました。

△：一応答えを書いたけど、あまり自信がないあやしい問題。

×：かなり難しいから、ねばってもキツそうなわからない問題。

テストで確実に点を伸ばしていくためには、まずケアレスミスをなくしていくことが大事ですよね。そのミスはどうしたらなくせるかというと、一つひとつに時間をかけるか、もしくは**あとで見直す時間をつくる**かという、２択になると思います。

私が推すのは後者。時間が許す限り、何度もくり返し見直すやり方です。そのためには、残り時間をできるだけ多く確保したほうがいい。できるだけ早く解く力が必要になります。そこで、この印をつけていく方法が力を発揮するんです。

■ 自分がミスしがちな問題も把握しておく

自分の中でもケアレスミスをしやすいなと感じる問題があると思います。そういうものにも△を。何も印をつけていないものより△を重点的に見直すようにすると、より効率よくミスをつぶしていけます。

難問には×印をつけてどんどん次に進むことも、解くスピードを早めるためには大事なことです。×にはあまり時間をかけず、捨てることも必要です。

テスト対策

07

テストは受けた日にあとで見直す問題をチェックする

▼テストを復習するときに勉強の質が上がる

■ 復習する準備をしておく

何かを勉強したらすぐに復習して定着させることが大事なのですが（→92ページ）、学校の定期テストはそういう意味で、復習にはすごく不向きなコンテンツです。

なぜかというと、ほとんどの学校がテストを受けた当日に答えを配らないからです。これが塾などの全国模試になると、テストが終わったその場で詳しい答えと解答が配られるのが一般的ですが、学校ではそれがありません。

自分で丸つけのしようもないので、答案が返ってくる1週間後くらいまでそのまま放置し、ほとんど忘れることになります。

でも、せっかくやったテストを自分の力にするためには、ひと手間欲しいんです。

丸つけはできなくても、その日のうちに再度問題をチェックしておくことはできるはず。そのときに、**「これは復習したほうがいいな」というものに、自分でわかるように印をつけておいてください。**

これが、テストの復習の質を一気に上げてくれます。

■次に解けるようになるために

「あとでもう一度きちんと復習したほうがいい」問題は、**先述（せんじゅつ）のテスト時の見直し用につける△や×（↓76ページ）とだいたい問題傾向がかぶります。**

ここでも、×より△のほうを優先的に復習したほうがいいのですが、×の問題も一度解説を見てみると「意外と簡単だった！」ということがあるので、チャレンジしてみてください。

何も印をつけていなくて「楽勝だと思ってたのが間違ってた！」というものも、ていねいに復習して自分のものにしておきましょう。

自分の中で自信が持てなかった問題も、こうして一つひとつ復習をすることで、次には確実に解けるようになっていきます。

定期テストと受験勉強はどちらを優先するべき？

▼定期テスト直前はそちらを主に。受験勉強にもなるはず

■今やっている勉強は何のため？

定期テスト直前によく受ける質問があります。「受験勉強もしなきゃいけないのに、定期テストもあると、どっちの勉強をやればいいの？」というやつです。

そこは「どっちも！」と言いたいところなんですが、ここで少し裏技的なことをお伝えします。どちらの勉強を優先させるかは、その「目的」に従って考えるべきなんです。

定期テストは何のためにがんばるかといえば、そのテスト結果が通知表に反映されて、内申点として高校受験のときの判断材料にされるからですよね。つまり、高校受験に関係する間は、しっかり点をとっていかなきゃいけない。

ところが、実は**3年の後半とかになると、もうその成績は高校受験にはあんまり反映されない**こともあります。

だから、そのときはもう定期テストよりも受験勉強に重きをおいて突き進んでいいと思います。

■理科と社会もがんばっておく理由

3年の後半といっても、定期テストの直前は、テスト範囲の勉強に集中してください。というのも、その定期テストのための勉強は、受験勉強の範囲でもあるから。やっておいて受験で損することなんてないんです。

また、私立の入試とかだと理科と社会がない3教科の受験になる場合があるため、「理科と社会は勉強しなくてもいいですか?」という質問があります。

しかし、公立の入試を受ける可能性もあるかもしれないので、基本的には5教科ちゃんとがんばっておくべきです。

それに、**3教科受験でも、内申では理科と社会まで見られるケースもある**ので、そこにも注意してください。

テスト対策

09

志望校が決まったら過去問をやったほうがいい？

▼中3の夏からで大丈夫。過去問にこだわりすぎないのも大切

■過去問の開始は中3の夏からを目安に

受験勉強で志望校の過去問をやったほうがいいかどうかというのも、よく受ける質問です。

結論から言うと、**過去問は中3の夏になってからやればよくて、早くから始めてもあまり意味がありません。**

当然ながら、過去問は中学3年生までに勉強するもの全部が範囲なので、あまり早くからやるとまだ習っていないものが多くなってしまいます。

塾などでも、よく中3の夏休みにそれまでの復習と残りの予習をやりますが、だいたいそのあとに過去問に挑戦するのが目安です。

■過去問にこだわりすぎるのもマイナス

過去問を解くことで出題傾向をつかめば、それに合わせて力を入れて勉強すべき範囲などがわかるというメリットもありますが、そこにこだわりすぎるのは危険です。

その**学校の試験内容の傾向は、次年度からいきなり変わるということもありえます。**

たとえば数学で、今までは大問６問と小問から成り立っていたのが通例だったのに、次年度では大問が４問しかなかった、なんてこともある。

急に傾向が変わったとき、あまりに過去問のイメージがあると、その変化に動揺してしまうかもしれません。そういう意味ではかえってマイナスです。

そもそも過去問とまったく同じ問題が受験に出るわけではないので、あくまでも問題演習の１つとして考えてください。

ただし、中学3年分がつまった複合問題なので、できない問題やど忘れした問題を見つけやすいのは利点です。

できない問題があったら、そこできちんと理解することが自分のレベルアップにつながるので、**「できない問題との出会い」を大切にしてください**（↓108ページ）。

コラム

3

苦手意識をなくすには、親しむことから

私は大学が教育学部の初等数学で、数学が専門です。もともとは数学が苦手だったのですが、高校の数学の先生がきっかけで数学が得意科目になりました。

まだ保育園の下の息子にも数字に強くなってもらいたくて、日々、リビングやお風呂場で遊びながら数学の頭を使うゲームをやったりしています。

最初は簡単な「全部で何個ある？」から。できたことを大げさにほめると、「もう1回やりたい！」となるので、そこからいろいろ問題を出して、ある程度クリアして気分がよくなったところで、あえて難しい問題を出す。

すると、くやしいからまた挑戦する。それが「パパが出す数字のゲームがおもしろい！」となる秘けつです。

これまで数学が苦手な生徒や、数字アレルギーの大人を見てきて、みんな少しもったいないと感じます。個人的に、数字に強くて悪いことは絶対ないと思っていますから。

息子もまずは苦手意識を持たないように、数字に親しむところから始めていますが、こうしたアプローチ法は、みんなの勉強にも通じるところがあるのではないでしょうか。

第4章

「勉強のルーティン化」で差をつける

毎日無理なく勉強できる自分にしたいなら
ルーティンとして習慣化してしまうのがベスト。
オススメの勉強ルーティンを紹介します！

勉強ルーティン

01

授業中に家で復習する箇所をチェックしておく

▼授業に集中でき、家でもすぐに勉強が始められる

■授業で理解できれば復習の必要はない

まず学校でやってほしいルーティン（決まった手順、動作、習慣のこと）は、**今日、家でやる復習を、授業中に決めておく**こと。

授業を聞きながら「ここは理解できたかあやしいな」と思う場所をチェックしておくと、あとですごく楽なんです。

家に帰ってから復習するところを考え始めると、それだけで多くの時間を使ってしまいます。

先生の授業を受けてしっかり理解できたところは、復習しなくてもいいくらいです。

もちろん、復習しなくても絶対に覚えていると自信をもって言えるところだけですが。

少しでもあやしいと思ったところは、授業中に家で復習すべきところだと思って、ノートや教科書に印をつけておいてください。

■ 授業中にできるだけ吸収する意識を

自宅学習を極めていくうえで、先生に直接教えてもらえる学校の授業はとても貴重です。

授業はノートをとるためだけの時間ではないことを意識してください。「あとで家で勉強するからいいいや」じゃなく、できるだけこの教えてもらえる時間でより多くのことを吸収しようと考えてください。

授業中に復習するところをしっかり選ぼうと思いながら先生の話を聞くと、それだけで集中力も上がります。眠気も出にくく、いいことづくしです。

部活などがあると、家での勉強時間はすごく限られます。でも、学校で座っている45分とか50分の授業の時間というのは、みんなに平等にあるわけです。

そこで少しでもプラスのものを持って帰れるようになっていけば、その積み重ねはのちのち大きく成績につながります。

勉強ルーティン

02

授業は「どこがテストに出るか？」を予想しながら聞く

▼実際にテストに出るところがわかる。眠気対策にも

■ちゃんと授業を聞けばわかる

学校の授業でのもう1つのコツは、「○○先生、これを次の定期テストに出そうとしているな！」と、ずっと予想しながら受けることです。

このルーティンには2つのメリットがあります。

1つめはテスト対策。先生が本当にテストに出そうとしているところが予想できることです。

授業を注意して聞いていると、先生が「ここは大事だからな！」と強調することがあり、テストに出るところが意外と見えてきます。

そういうところには、ノートや教科書に印やふき出しで「ここは大事！」とメモし

ておくと、あとで見返しやすいですよね。どんな印でも、自分が見てわかればＯＫです。

■ゲーム攻略感覚で集中力もアップ

テストに出る箇所を予想しながら授業を聞く**2つめのメリットは、授業中に眠気が起きにくい**ことです。

一方的に先生の話を聞いているだけの姿勢では、部活で疲れているときやお昼を食べたあとなどは、眠気をこらえるのに精いっぱいになります。でも、「テストに出そうなところを探す」という能動的な授業の聞き方をしていると、眠気が襲ってくる回数が減るのです。

先生を攻略するつもりで、「どこをテストに出そうとしてるのか、絶対見つけるぞ！」とゲーム感覚でやると、その効果も高まります。「先生、こういうのをよくテストに出すよな」なんてクセまでわかってくる。

授業に対する自分の集中力が上がって、吸収力もアップしながら、それがテスト対策にもなる。一石二鳥、三鳥くらいのルーティンです。

勉強ルーティン

03

わからない問題は解説を読んでから先生に聞く

▼わからなかった理由がわかり、類似問題が解けるようになる

■先生に具体的な質問をするために

ワークなどでわからない問題があったとき、自分でなんとか解けないかとねばりたい気持ちもわかるんですが、そこにはあまり時間をかけないほうがいい。**学校の先生に直接聞けるなら、すぐに聞いてみましょう。**

ただしそこで、自分の力を伸ばすためのポイントがあります。**先生に聞く前に一度、自分で答えと解説をしっかり確認する**ことです。

このステップを踏むことで、ただの「わからない」が、「解説にある○○の部分がわからない」に変わります。

わからないところやその理由が自分にもだんだん見えてきて、先生にも具体的な質

問ができるようになるんです。

自宅でワークの丸つけをするときなどにも、ただ○か×かをつけるだけじゃなく、その間違った問題の解説まで読み込んで、つまずいたところをチェックしてください。

■「わからない！」だけでは伸びない

私が塾講師をやっていたときにも、よく生徒たちから質問を受けていたんですが、どんなふうに質問するかで、そのあと伸びるか伸びないかがわかるくらい、質問の仕方が違っていました。

簡単に言うと、**「先生、この問題わからない！」という子は伸びにくい。「この問題の○○の部分、どうしてこうなるの？」と聞く子は、やっぱり伸びます。**

どんな問題も、解けないのであれば理由が必ずあるはずです。

機械が故障したときだって、どこかに必ず重大な欠陥がありますよね。それと同じです。わからない理由を見つけ出して、確実につぶしていきましょう。

「『何がわからない』かがわからない」では、打つ手がありません。しかし、自分のつまずきポイントがわかれば、解決策がすぐに手に入ります。

勉強ルーティン

04

予習は余力があればやる程度、あくまでも復習をメインに

▼テストの点数を効率よくアップ。受験対策では予習も必要

■ 復習のほうが効率的に勉強できる

当たり前の話ですが、**「予習ができる人」というのは、「すでに復習ができている人」限定**です。

復習ができていないのに、予習をしなきゃとあせるのは本末転倒(ほんまつてんとう)です。

むしろ私は、予習は無理してする必要がないものだと考えています。

確かに予習していれば、授業で先生の話がわかりやすくなる面はありますが(↓170ページ)、まったく知らないことを、自分の力だけで突破しようとする予習はやはり大変です。

それに対して復習は、一度は教わったもの。授業での先生の話を思い出しながら、

確認していきます。

どちらがより早くテストの点につながり、楽に学ぶことができるかといえば、やはり先生のサポートがある復習です。

■志望校の過去問に挑戦するなら予習から

ただ、本格的に受験勉強を始める頃には、予習が必要になってくる場面も出てきます。それは**志望校の過去問に挑戦するとき**です。

たとえば中学3年の数学で「三平方の定理」を習いますが、受験では三平方の定理が二次関数とセットになった複合問題がよく出ます。過去問でもたびたび出合うことになるでしょう。でも、教科書でいうと最後の最後に習う単元なんです。

だから三平方の定理を知らない段階で解こうとしても、「あれ？　わかりそうでわからない……」ということになってしまいます。

過去問に挑むには、教科書をひと通り勉強してからじゃないと難しいのです。したがって、**3年生の夏休みくらいにはそのための予習を始めてください。**

05

暗記ものは同じ日に最低2回、できれば翌朝、1日後もやる

▼くり返しやることで、記憶をしっかり定着できる

■まずは基本の4回、そこから自分でアレンジを

英単語や歴史の年号など、何かを暗記するとき、私がいつもオススメするのは、「同じ日に最低2回はやる。できれば3日間で4セット」ということです。

たとえば、**①夕方、②寝る前、③次の日の朝、④さらに翌日、の合計4セット。**同じものを4回確認すると、だいぶ記憶の定着率も上がり、あとで復習しなければいけない量も減っていきます。

まだ自分のスタイルを確立していない人は、ぜひ一度この通りに4回やってみてください。そこから、「自分は3回でよさそうだな」「5回にしたほうがいいかも」と自分に合うアレンジを加えていく。すると「これぐらいのリズムでやると忘れなくなる

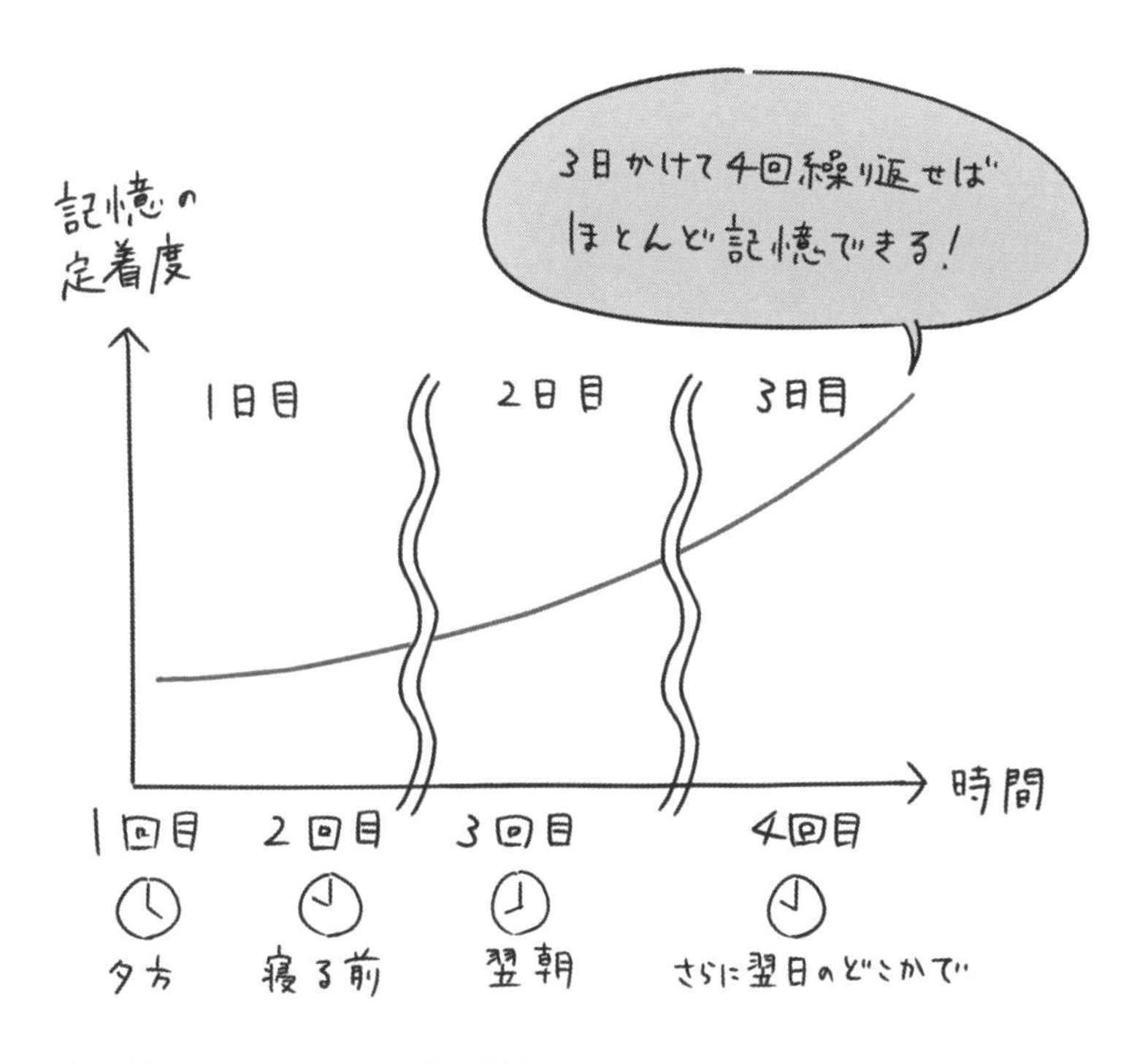

な」という感覚もつかめてきます。

■ **ルーティンはシンプルに**

こうして毎日の習慣として暗記を組み込めば、実力も確実につきます。

でも、これは筋トレやダイエットと同じですが、それを習慣化するまでが難しい。したがって**ポイントは、そのルーティンそのものをいかにシンプルにするか。**

この4回くり返すというシンプルな方法と同様に、後述(こうじゅつ)の「ＣＭ中に思い出す」（→96ページ）という方法も、気軽にできるので習慣化しやすいんです。

勉強ルーティン

06

机に座らなくてもできるラフな勉強を生活に組み込む

▼コンディションが悪い日も勉強することができる

■テレビのCMに入るたびに思い出す作業を

勉強をまったくしない完全な勉強のオフ日はつくらないほうがいいとお伝えしましたが（→58ページ）、ぜひ取り入れてほしいのが、**スキマ時間を活用する方法**です。

私がよく話すのは、**「テレビを観るときは、CMに入ったら英単語を思い出せ！」**というもの。誰でもすぐにできる簡単な方法です。

たとえば英単語20個を暗記したときに、そのうちの2個くらいは強敵が出てきますよね。「あいつがどうしても覚えられない！」みたいなやつ。そういう単語は「あのページの右上にあったな、なんだっけ」となっていることが多い。それをCMに入るたびに思い出すことにするんです。

「そうだ、あそこにあったのはinterestingだ。意味は……〝興味深い〟だったな！」という感じで。

ただ思い出す作業だけでも、それは勉強です。勉強机に座ることだけが勉強ではありません。同じ英単語の勉強でも、「机に座って10回書き出す」なんていうことに比べたら、だいぶ手軽ですよね。

■生活の中に組み込む習慣にするとさらに強い

基本的には、私も机に座って問題を解くのが勉強だと思っていますが、ラフな勉強なら机じゃなくてもできるので、いろいろな時間に応用できます。

たとえば、急に予定が入ってどこかに出かけなければならなくなっても、その移動時間だって使うことができるのです。

毎日、歯磨きをしている時間やお風呂(ふろ)に入る時間を当ててもいいでしょう。覚えたことを思い出す時間は、多ければ多いほど頭の中に定着(ていちゃく)します。

最終的には「〇〇の時間はこれを覚える」という毎日の習慣にできると、かなり効果的です。いつも、**ふとした瞬間(しゅんかん)に勉強のことを思い出す体になる**んです。

勉強ルーティン

07

教科書で勉強したら、必ず演習問題をセットでやる

▼「わかったつもり」がなくなり、しっかり頭に入る

■一度自力で解かないと、うろ覚えになりがち

教科書で勉強するときの鉄則(てっそく)は、**「必ず演習問題をセットでやる」**ことです。

何かを勉強したら、そのあとすぐにその勉強に関連した演習問題をやって、しっかり頭に入れるんです。

特に数学の教科書では、説明のあとに例題が続き、途中式が書いてあります。それを見ると、自分で解いたわけじゃないのに、それだけでもう「できた気」になってしまうんですね。

でも、いざ自分1人の力でその類似(るいじ)問題を解こうとすると、やり方がうろ覚えになっていて、うまく解けないのです。

そうならないためにも、**勉強したすぐあとに、ヒントを見ずに自力で類題を解く習慣をつけなければなりません。**

毎日、その日の学校の授業の復習を家でやろうとお伝えしましたが（→86ページ）、そこにこの演習問題をプラスすると効果が倍増します。

08

ワークの丸つけは、必ず解いたすぐあとにやる

▼時間をあけないことで、確実に身につける

■丸つけは、ただ○か×をつけるだけじゃない

先述(せんじゅつ)の教科書の勉強と演習問題のセットに、さらに付け加えるべきなのが丸つけです。

丸つけは、ただ○か×かを判別するだけじゃなく、特に自分の中であやしかったところや間違えたところを解説までしっかり読み込んで、確実に身につけるためにするものです。そのタイミングは、**問題を解いたすぐあとにするのがベスト。**できるだけ時間をあけないようにしてください。

問題を解くだけ解いて、「丸つけはご飯を食べてからにするか」「お風呂に入ってからやるか」というのは、とてももったいない選択です。

なぜなら、小一時間も間があくと、自分がどんなふうに考えて問題を解いていたかというのも忘れてしまい、ただ○か×をつけるだけの作業になってしまうからです。

間違えた問題の解説を読んでも、「ああ、そういうふうに考えるのか！」という感動が薄れて、流し読みになってしまうことも少なくありません。

解説を読んで理解するまでが１セット

ステップ１　教科書・参考書を読む

ステップ２　演習問題への挑戦

ステップ３　すぐに丸つけ＆解説を読む

ノートをとるときに気をつけることとは？

▼未来の自分のためのノートに。自分らしさにもこだわって

■法則を決め、イラストなども取り入れる

先生に提出することはあるとはいえ、基本的にすべてのノートは、**誰かに見せるためではなく、未来の自分のためにつくるもの**です。ノートをつくるなら、未来の自分がそれを見たときに「これで勉強したいな」と思えるようなものにしていきましょう。

自分があとで勉強しやすいものであることが、何よりも重要です。

つまり、見返したいと思った箇所をすぐに見つけて読める検索性の高いノートにすることが大切です。

見返しやすくするポイントとしては、たとえば「毎回、テーマや見出しはページの一番上、しかも左上にそろえる」など、自分で法則を決めることです。

良いノートを書くために必要な考え方

情報量	ただ多いだけ	より	**見返しやすい検索性**
字	きれいさ（丁寧さ）	より	**法則性**
色	色数	より	**色の意味**
余白	少ない	より	**多い**
板書の写し	ただ写す	より	**テストに出そうなところを探る**

毎回テーマがノートの左上に書いてあったら、見やすいと思いませんか？

本書もそうですが、本や教科書も、テーマとなる見出しはだいたいいつも同じ場所に配置されます。

そう、自分だけの本や教科書をつくるイメージを持ってノートに書き込んでみてください。

私も、ノートをパラパラとめくったときにいつもテーマや見出しが同じ場所になるように左上で固定していました。

ノートが中途半端（ちゅうとはんぱ）なところで終わったとしても、次のテーマになるときは、新しいページに書き始めます。区切りを単元ごとにするか、授業ごとにするかは、それぞれ自分のやりやすい形でかまいません。

■イラストや記号を利用しよう

そのほかの、ノートづくりのコツとしては、**文字情報だけじゃなく、イラストや記号、ふき出しなどを書き込むことです**。こうすることで、記憶にも残りやすくなります。

たとえば授業で先生が強調したところをふき出しでメモしてもいいですね。

私の生徒では、「ノートのあそこにふき出しで書いたのに、間違えた！」と、書き込んだ場所まで覚えている子がいました。一概（いちがい）に言えることではないですが、ノートにこだわりがある子は、成績もいい子が多いです。

昔、『東大合格生のノートはかならず美しい』という本がベストセラーになりましたが、見ると、とにかくクセがすごい。**字がきれいとかじゃなく、それぞれ自分だけの法則でまとめられているから美しいんです。**

左ページにノートを書く際に法則化できそうなものをまとめてみました。ぜひ参考にしてください。

ノートの書き方にこだわりを持とう！

2021年4月　**ノートに自分なりの法則をつくろう！**

Date　/　/　No.

◆大見出しについて

・ノートの左上に日付と単元名を記入

・大見出しを入れるごとに改ページ

これが大見出し

これが小見出し

◆小見出しについて

・アイコン(◆)を入れてメリハリをつける

◆色数について

・黒、赤・青、蛍光ペンの計４色以内

・色それぞれに意味づけをする

例

赤：暗記が必要な重要な言葉

青：囲み、線など

蛍光ペン：アンダーライン

◆余白について

・あとで追記できるように多めにする

◆その他

・複雑な表や図はコピーして貼る

・先生の板書以外に自分で気づいたことをふき出しやイラストを使ってメモ

ここ重要

勉強ルーティン

10

「自習ノート」をつくる

▼効果的な復習がしやすく、これだけやったという自信になる

■自習ノートは1冊にまとめると達成感が得られる

学校の授業でとるノートのほかに、自宅学習でもノートを使うことがありますよね。オススメしたい2つのノートがあるのですが、まず1つめが**「自習ノート」**です。

これは家でワークをやるときなどに使う自宅学習用のものですが、つくり方にコツがあります。

まず、そこまでのこだわりや理由がなければ**教科ごとには分けず、全部1冊のノートに書き込んでいきます。**それから、ノートの左端（ひだりはし）などに定規（じょうぎ）で縦線を引いて、日にちやワークのページ数を書き込めるようにしておきます。

こうしてつくる自習ノートは、まず、情報がひと目でわかって復習がしやすいとい

うメリットもあるのですが、まるまる1冊書き終わってパラパラ見返すと、**達成感と自信にもつながります。**

これは思いのほか大きいことで、勉強のモチベーションを上げるためにもとても有効です。

小学生の児童なら、あえてページの少ないノートを使わせて、1冊終わるごとに「すごいね！」とほめてあげてほしいと、保護者の方にお願いしたこともあります。

受験の前日にこれまで1人で自習してきたノートを束にして、「こんなにやったんだから大丈夫だ！」と自分に言い聞かせるのは、自己肯定感を上げ、自信をつくります。

勉強ルーティン

11

「間違った問題ノート」をつくる

▼自分だけの最強のオリジナル教材づくり

■間違えた問題をスクラップするノートも

「自習ノート」に続いてオススメのノートが、「自分が間違えた問題」をスクラップしてまとめた「間違った問題ノート」です。

これを日々のルーティンにすると、最終的には自分だけのオリジナル教材ができあがって、のちのちものすごく価値を発揮(はっき)します。

スマホやタブレットを持っているのであれば、間違えた問題をカメラで撮って、自分でわかるようにフォルダにまとめて保存しておいても、同じように使えます。

そのほうが気軽にできて続けられるかもしれません。ワークだと裏面があるから切り取れないですし、コピーするのも手間ですし。

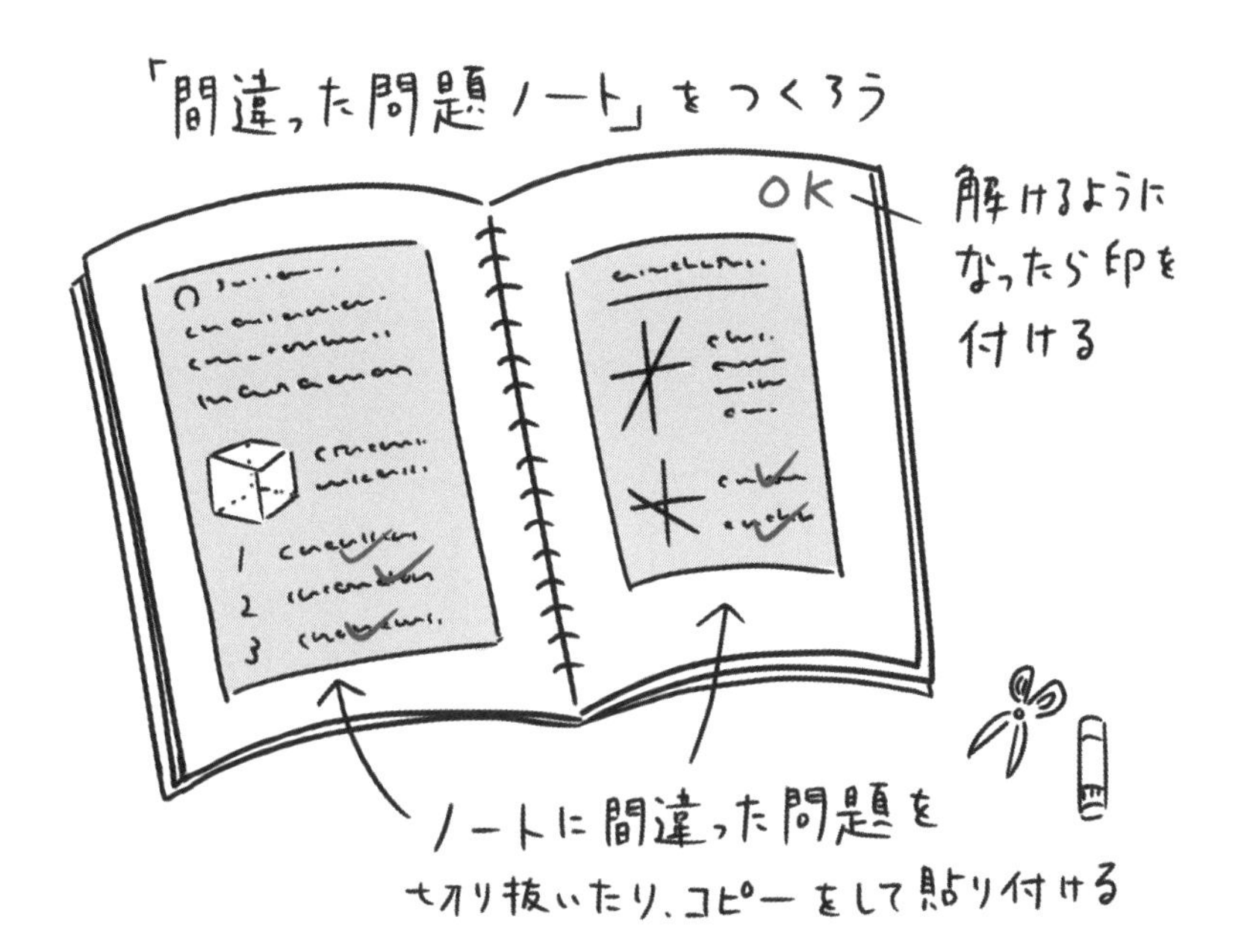

答えは、隠せるような場所や違うページに貼(は)っておけば、問題だけを見てくり返し復習することができます。

何度かやってできるようになった問題にはＯＫマークなど、「もうやらなくて大丈夫」とわかる目印をつけていけば、間違ってくり返し解くこともないですし、達成度も実感できます。

これは、**「できない問題との出会い」を大切にして、その価値を最大限に生かす方法の１つ**です。

見返して、「前はこんな問題もできなかったのか」と思えたら、そこが自分のほめどころです。

勉強ルーティン

12

基本は赤・青・黒の3色だけをノートに使う

▼大切なところだけがパッと目に入ってくる

■色数が多いとかえって目に入りにくくなる

普段ノートに何色くらい使って書いていますか?

私がベストだと考えている色数は3色です。赤、青、黒の3色ボールペン、シャーペンがあれば、それで十分。あとは、大事なところに簡単にマーカーしておける蛍光ペンが1本くらいあってもいいかもしれません。

ノートで色分けをするのは「重要なところ」や「キーワード」、「覚えたいところ」などを目立たせるためですよね。

それで、それぞれの色に意味を持たせて色分けしていくわけですが、**それを5色も6色も数多く色分けしてしまうと、「この緑は何だ?」「黄色は何だっけ?」と、どれ**

が何の意味だったかわかりにくくなってしまうんです。

パッとノートを開いても、色がついているところがたくさんありすぎると、一つひとつの重要なところが目に入りにくくなります。そのためにも、**色数はできるだけしぼって、それぞれが目立つようにするのが基本**です。

■ 何を赤にし、何を青にして書き込むか

私の場合は、こんな感じです。

赤：重要なポイントのところに使う。キーワードや覚えたいところも赤で統一。
青：先生がテストに出しそうなところや「テストに出すよ！」と言っていたところ。

これを**色分けしておくだけで、復習がしやすくなりますし、できるだけシンプルな色分けをすることでノートはすごく楽にまとまります。**

あくまでも自分が使いやすい配色で考えてみてください。

勉強ルーティン

13

誰かに教えるつもりでアウトプットをする

▼自分の中で整理され、より定着する

■ インプットだけではなくアウトプットも大切

暗記などの勉強は自分の中にインプットしていく作業ですが、ワークをやったり、テストで答えを出したりするアウトプットも、とても大切です。アウトプットをして初めて、インプットしたことが自分の中に根づいたかがわかるからです。

一番簡単なアウトプットはワークをやることですが、それ以外だと**「誰かに教える」**という技があります。人に教えることができるというのは、それだけ自分が深く理解している証拠(しょうこ)です。それに、頭の中が整理されていないとできることではありません。

したがって、自分の理解度をはかるためにはすごく有効な方法です。

でも、実際に人に教える機会をつくろうとすると、それはそれで大変ですよね。

そこで私もよくやっていたのが、**家で「誰かに教えるつもり」になってアウトプットをする**ことです。教える相手は誰もいないのですが、人に教えているように、やってみた勉強の内容を声に出してシミュレーションしていきます。

誰かに説明すると理解が深まる

葉のつくりと働き
①この単元のポイントは？
②つまずきやすいところは？

フムフム
father
mother

授業動画をお母さんと観てくれている子で、お互いに教え合ったりしているという話も聞きます。最初は人に教えるイメージがわかないかもしれませんが、そんなときは私が授業をしているのを真似してみてください。私が教えるときに気をつけているのは次の２点。

①単元のポイントはどこか？
②どこにつまずきやすいか？

これさえ押さえておけば、基本的にはいい授業になります。

コラム

4

計画表は紙でもデジタルでも

私は受験生時代、「やることリスト」を並べた簡単な計画表を、ルーズリーフのノートでつくっていました。なぜなら、すぐにテープで目の前のカベに貼れるから。机に向かえば、嫌でも目に止まります。

これが手帳やノートだと、見る前に「一度開く」というワンクッションが入ってしまうので、うっかり見忘れたり、「あえて見たくない」という心理が働いて無視してしまうことも考えられます。だから、スマホをよく見るようであれば、簡単な計画を書いた付せんをスマホケースに貼ってもいいでしょう。

スマホといえば、最近は勉強計画表が簡単につくれるアプリもあります。そうしたサービスも積極的に試してはいかがでしょうか。

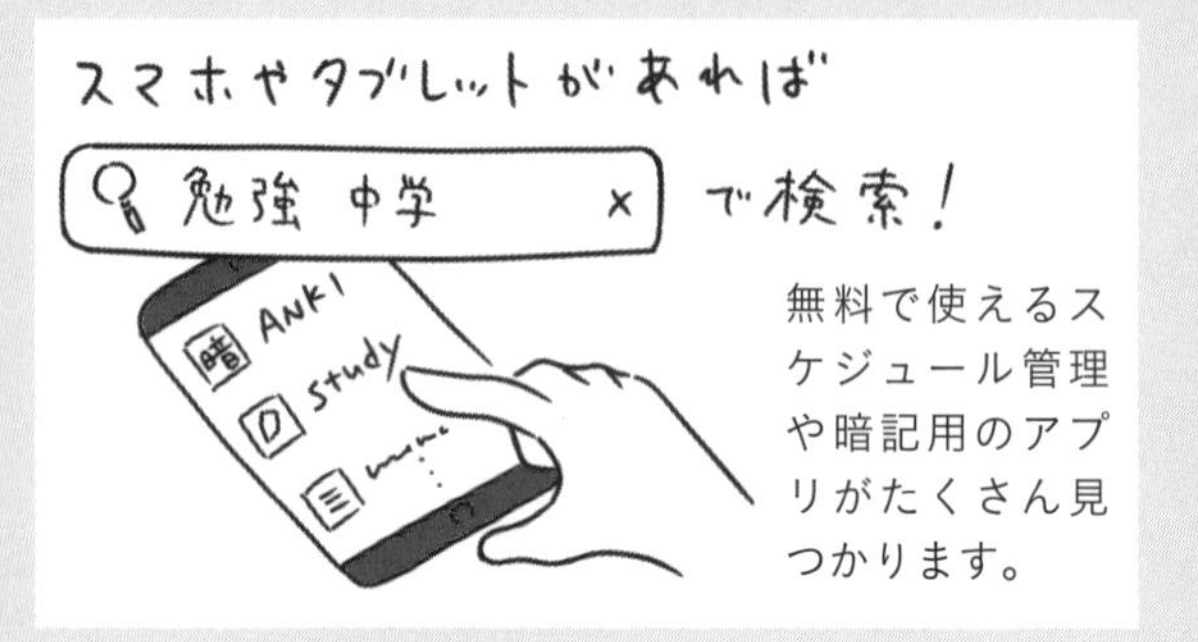

第5章

負けない「集中力」を手に入れる

もっと勉強に集中できれば……と悩む中学生は多いはず。
そんな悩みを一挙解決。
集中力アップの秘けつを教えます！

集中力アップの秘けつ

01

自宅学習は「分割勉強法」を基本に

▼目標を細かく決めることで、目の前の勉強に集中できる

■勉強時間を分けて、ほどよく休憩を

今、自宅での勉強に集中できないと悩んでいる人は、その目標設定が大きすぎる可能性があります。「これもやらなきゃ」「あれもやらなきゃ」と気ばかりあせって、ただやみくもに突っ走るだけでは、なかなか集中は続きません。

集中力アップの秘けつとして私がオススメするのは、一気に長い時間ぶっ続けで勉強しようとせずに、間に休憩（きゅうけい）を入れるなどして時間を分け、それぞれの時間ごとに目標を細かく決めていく**「分割勉強法」**です。

自宅学習でも、学校の授業と同じように勉強時間を分けて、ほどよく休憩を入れていきましょう。

■今日の自分はどれくらい集中できるか？

勉強は時間ではなく勉強量を目安にするべきですが（↓50ページ）、目標を決めて「この1時間でどれだけ進めるか」とゲーム感覚で挑戦すると集中力が増す子もいます。そこは自分の集中力と相談して、無理のない時間を設定してください。

たとえば、15分ごとに休憩すると、その15分間がものすごく集中できることも。簡単な課題はそれくらいでもいいと思います。

また、**集中できる時間はその日のコンディションにもよります。**疲れているときや落ち込んでいるときなどは短い時間でも、「次はこれをやり切る！」と少しずつ時間を分けて勉強してみてください。

■ゴールが先に行けば行くほど集中が切れる

具体的な例も紹介しておきましょう。

たとえば1日に3時間勉強時間がとれるとしたら、その3時間を「1時間枠を3つ」に分けます。

その間には休憩を入れることになりますが、休憩があまり長いと気持ちが勉強に戻れなくなってしまうので、5分か10分程度が理想です。

この3時間の勉強は、学校から帰宅したあとの1時間、夕食のあとに1時間、お風呂をすませてからの1時間という形で分けてもいいでしょう。

ここでわかりやすくするために「1時間」という言い方をしましたが、**勉強を切りよく、効果を上げるためには、やっぱり時間より内容や量で区切ってほしいので……、正確には「1時間くらいでできそうな勉強量」**です。

1時間ほど勉強時間がとれそうなら「この数学のワークを4ページくらい進められそうだな」と自分で目標を決めて、それをやり切ります。きっちり1時間で終わらなければ、延長してでもやり切ってください。

するとだんだんと、自分が1時間でできる量もわかってきます。

これを3時間分一気にやるとなると、相当な量になってしまいますよね。

人間、ゴールが先に行けば行くほど集中が切れるので、そこまでたどり着く前に「ちょっと疲れたからスマホ見よう」とかなっちゃうんです。

でも、「数学のワークを2ページやる」と設定して、1ページ終わったところで疲れちゃっても、「あと１ページ！」と思えば、目の前のゴールに向かってがんばれたりしますよね。

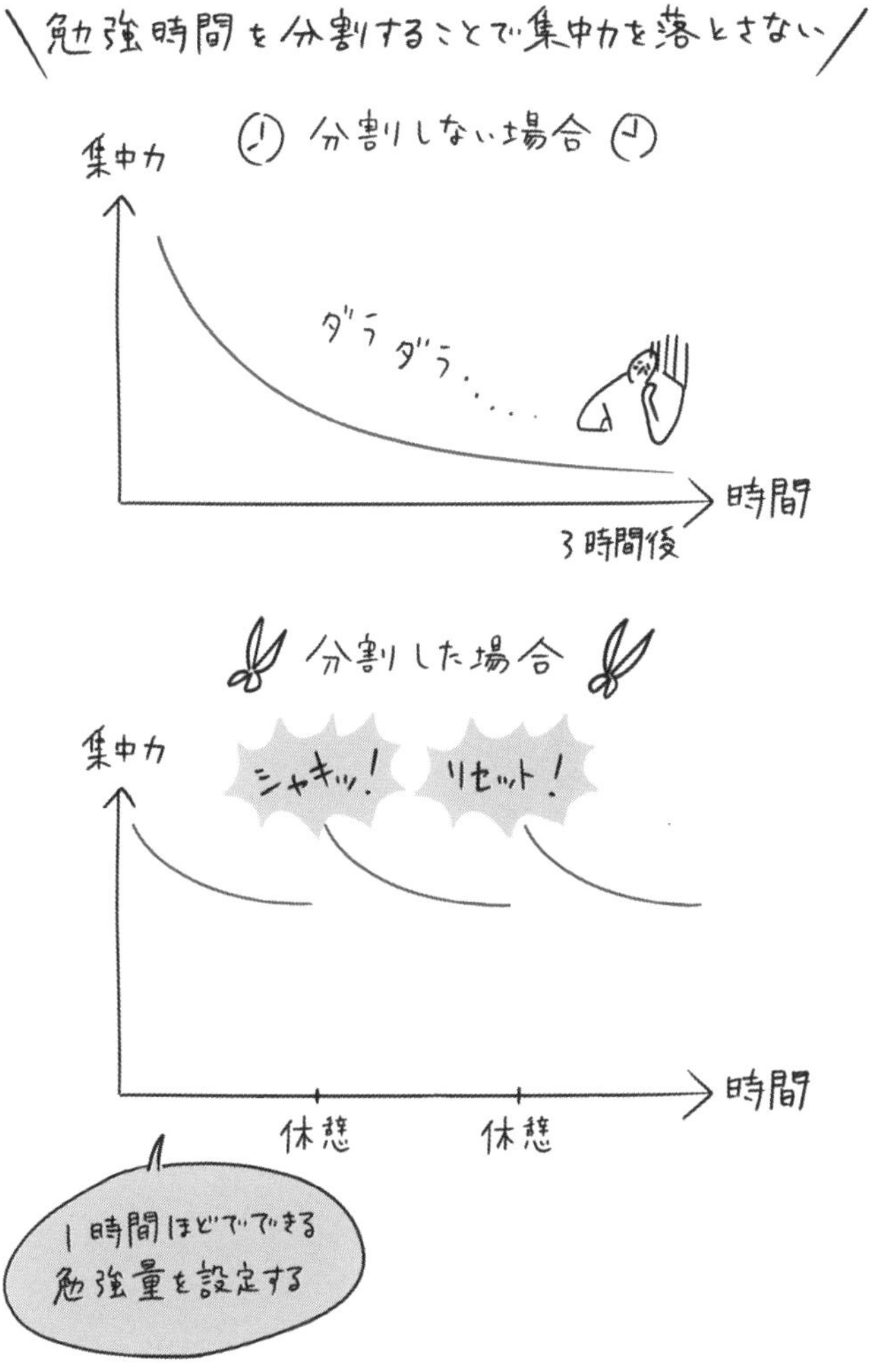

集中力アップの秘けつ

02

シャーペンを持つ手と反対の手で問題を囲む

▼問題が早く解けるようになる

■反対の手も机の上に出しておく

小学生のころに先生から、「えんぴつを持っている手と反対の手、右利きなら左手を、勉強するときに机の上に出しておきましょう」と言われたことはありませんか？これは、正しい姿勢を身につけさせるためのアドバイスですが、実は勉強に集中するためにはとても大事なことなんです。

集中力が落ちていると、気持ちまで疲れて、姿勢もだらけませんか？気づくと体が斜めになっていたり、お尻が椅子からずり落ちそうになっていたりします。これが勉強に悪い影響を与えてしまうんです。

そして、その手を今解いている問題を囲うようにして置くと、より集中できて、問

問題を手で囲むだけで集中力アップ

題が早く解けるようになります。ちょうど人差し指と親指で問題をはさむように置くイメージです。

どうしてこれが集中できるポーズなのかというと、この体勢になることで自然と姿勢がよくなり、目線もしっかり問題に焦点(しょうてん)が当たるから。

私が塾講師だったとき、中学生の生徒たちにもやってもらいましたが、みんな**自然と言葉数が少なくなって、早く解けるようになりました。**

集中するためには、姿勢を正すことも大事。

このポーズをすれば自然と姿勢が正されるので試してみてください。

勉強机から見えるところにある誘惑物を撤去

▼気づかないうちに集中を乱すものがなくなる

■目に入るものには注意が必要

自宅学習において最初に見直してほしいのは、勉強する場所の環境です。今、勉強机のまわりはどんな状態ですか？

これはただ「勉強部屋をきれいに片づけよう！」と言いたいわけではなくて、勉強に集中するためには「目に入るもの」に気をつけないといけないということです。

簡単に言うと、**「自分が誘惑に引っかかりそうなもの」は、勉強中に絶対に目に入れちゃダメ**です。まずはそこを整えるところからスタートしてください。

中には「別に勉強中は読まないからいいじゃん」と、マンガや雑誌を並べておく子がいますが、無意識のうちに目に入って気持ちがそちらへいくので、集中の妨(さまた)げにな

どれだけ見えるところにある？
勉強中に誘惑してくるものチェックリスト

- □ 漫画・雑誌・小説など
- □ スマホ、タブレット、パソコン
- □ ゲーム
- □ テレビ・ラジオ
- □ CD・DVD
- □ ポスター
- □ お菓子
- □ 他教科の参考書
- □ ベッド（自室にベッドがある場合は厳しい！）

ります。

また、好きなアイドルの写真やアニメのポスターを貼(は)っている子もいるのですが、これも同様に集中力を下げます。

勉強中にそれを見ると元気づけられて、「がんばるぞ！」となれるならいいのですが、「ＤＶＤ観たいなぁ」など、ちょっとでも勉強以外のことがよぎるなら、それは勉強の邪魔(じゃま)をしているということ。背中側に貼ってあって見えなくても、自分が意識していたら同じことです。

勉強していて何かほかのものに気をとられることがあったら、そのたびにそれを外して、自分が勉強中に見えないところにしまってください。

集中力アップの秘けつ

04

勉強している参考書以外は机の上に置かない

▼あせりや不安による集中の妨げをなくす

■たとえ勉強道具でもジャマになることがある

勉強中に余計なものを目に入れないという話をしましたが（↓122ページ）、**意外と集中を妨げているのが「今勉強している教科以外の参考書」**です。

これも、できれば勉強机に座っていて目に入らないところ、背面に置いた本棚などにしまっておくようにしてください。

なぜかというと、いくら勉強の道具だからといって、「今やっている勉強」にはなんの関係もないからです。

たとえば英語の勉強をしているときに、目の前に並ぶ数学の参考書が目に入ると、「数学もやらなきゃヤバいな……」などと思ってしまい、集中が乱されます。

もちろん人にもよりますが、目に入ったときに変に不安をあおられるようなら、意識が違う方向に持っていかれているので、見えないところにしまいましょう。

■ やっぱり机はきれいなほうが集中できる

大切なのは、「今、この時間はいったいなんのために設定したのか？」という目的です。

英語なら英語の参考書だけを机の上に出して、そこだけに集中するようにしてください。

次に数学をやろうと思っていたとしても、実際にやるときに初めて目の前に置くようにすることをルールとしてください。

中には「机にいろいろものがあって汚いほうが落ち着く」なんて子もいるんですが、本当にそれらに集中が妨げられていないかは必ずチェックしてください。基本的には、やっぱり机はきれいなほうが集中できるはずです。

とはいえ、今、私の机は、原稿(げんこう)や撮影機材、参考書でゴチャゴチャしているんですけどね……。

05

自分が落ち着ける勉強机の向きや場所にこだわる

▼自分にとって最適な勉強環境をつくる

■自分で把握できない空間に不安を感じる

昔、私の生徒の中で、月に1回は部屋の模様替えをする子がいました。同じ配置だと飽(あ)きちゃうとのこと。でも、そうやって自分なりのこだわりを持って配置していることに意味があります。その子は、「飽きることが自分の集中を欠如(けつじょ)させる」と自覚してやっていました。事実、すごくデキる子でした。

今の配置を好きでやっているわけじゃないなら、机の向きや場所にもこだわってみてください。

たとえば、机をカベや窓際にくっつけるのがふつうなのでしょうが、カベ側を背にして机を部屋の中央に向く形にしたほうが、落ち着けるという人もいるかもしれませ

ん。というのも、お店でご飯を食べるときなども、はじっこのテーブルのほうがなんとなく落ち着くから。

それと同じ原理で、後ろに見えない空間が広がっていると、どうしても気が散る子もいるはずです。特に自己肯定感が低い子には不安症の子が多く、**背後にできる「自分の把握できない空間」が気になって集中しづらいようです。**

居心地のよさや集中のしやすさが変わることがあるので、机を動かせる人は、ぜひいろいろ試してみてください。

机が動かせなくても、「暗記は部屋の隅でやる」など、アレンジしてもらってもいいですね。

06 リビングで勉強するかどうかはその日に決める

▼コンディションに合わせて、気分を変えて勉強できる

■たまには勉強部屋と真逆の環境で

勉強机のまわりに余計な誘惑物を置かないと伝えましたが（➡122ページ）、**「あえて家のリビングで勉強をする」という真逆の勉強環境**もあります。

これは、今までリビングで勉強をしたことがない人にはオススメしません。

一方、自分の勉強部屋に1人でいるのはやっぱり孤独（こどく）なので、宿題をしていた小学校時代からの習慣もあって、安心感のあるリビングで勉強するという人はいます。現に私もそうでした。

母親もいたり、いろんなものが置いてあるし、なんならテレビまでついているのですが、**そのゴチャゴチャした空間が背景と化して、空気みたいな存在になると、何も**

気にならなくなるんです。

カフェで勉強や仕事をしたりする人と似た感覚です。

■ リビングで勉強できるコンディション

私の場合は暗記ものを自分の部屋でやって、ワークをリビングですることが多かったのですが、そこは厳密に決めないで、「今日は英単語の暗記もできそうだ」と思ったらリビングでやっていました。やってみて頭に入ってこなかったら、また部屋へ戻ったりして。

どこで勉強するのがベストかは、**自分のそのときのコンディションが深く関わっています。**

テレビの音量を少し下げてもらうくらいならいいのですが、「ちょっと、うるさいから静かにして！」と家族に文句をつけるような状態なら、きっと自分がイライラしているだけなので、リビングでの勉強はやめたほうがいいでしょう。

ともあれ、やっぱりテレビは気持ちが持っていかれやすいので気をつけてください。音だけが気になるようなら、耳栓をするのも手です。

07

眠くて仕方がないときは、思い切って15分仮眠する

▼無理して続けるより効果的な勉強ができる

■仮眠後にすぐにやる1問を決めておく

勉強していて、どうしても眠いときは、あまり無理せず仮眠してください。「眠いなぁ」と思いながらやるのはとても非効率なので。

仮眠をするなら15分程度がいいと言われています。それ以上だと深い眠りに入りすぎてしまって、かえって起きるのがつらくなります。

15分間寝たら、パッとすぐ勉強に戻れるのがベストなので、**仮眠する前に、あらかじめ起きてからやることを1問だけ決めておいて、起きたらすぐにそれをやること。**さっきやった英単語の暗記を確認するテストなどでもいいでしょう。

仮眠のやり方は人それぞれでかまいません。

ソファで横になると深く眠っちゃうから机につっぷしたほうがいいという人もいますが、私はその姿勢だと胸が圧迫されて苦しくなるので、ソファで横になっていました。

でも、時には体が疲れきっていて、またすぐ眠くなってくることもあるはず。そういうときには無理せず、15分仮眠の休憩数を増やしてください。

■練習すれば15分で自然と目覚めるように

私自身、もともとは一度寝ると数時間、平気で寝てしまうタイプだったので、この15分の仮眠をとる練習をかなりしました。

仮眠をとるとき、15分のタイマーをかけて寝るようにするんです。1カ月半くらいかかりましたが、とうとうマスターしました。

最初はタイマーをかけても全然起きられなかったのですが、**今ではタイマーがなくても約15分で目が覚めます。大人になってからも、仕事中に使います。**

これは本当に練習しておいてよかったと思えることの1つなので、ぜひ試してみてください。

勉強中はスマホをしまい、通知音をオフにしておく

▼スマホの存在を気にしたり、誘惑されたりしなくなる

■目に見えるところには置かない

今、スマホは高校生だと90％超え、中学生でも50％以上持っていると言われますが、勉強中についつい見ちゃうスマホ問題は、よく生徒の親御（おやご）さんから相談されました。「うちの子、スマホばっかり見てるんです」という悩みです。

大人も同じで、机の上にスマホを置いておくと、どうしても意識してしまいます。音をオフにしていても、何かと通知がきて画面が光ったりすれば、気になって絶対に見るし、たとえ見ないように我慢（がまん）しても確実に集中力は乱されます。

本当に勉強に集中したいなら、勉強中だけはスマホを見えるところに置かないこと。

さらに、通知音はオフにしておくこと。これはルールとして絶対に守ってください。

最近は「友だちからＬＩＮＥがきたらすぐ返信しなきゃ」というプレッシャーがある子が多いらしいのですが、本当の友だちなら、「ちょっとこれから勉強に集中するね！」「勉強するからしばらく通知切るね！」「がんばろう！」と、お互いにＬＩＮＥして勉強を始められるようになるのが理想ですよね。

■休憩中のスマホは時間厳守

もちろん、勉強の間の休憩中はスマホＯＫです。

ただ、気をつけてほしいのは、**ちゃんと休憩時間を決める**こと。実は、これがなかなか難しい。

それで、いっそのことスマホ自体を禁止しようとする人がいるわけです。

ちょっとしたＬＩＮＥのメッセージのやりとりや、ネットサーフィンも5分だけとか時間を守れればいいのですが。

特に難しいのがユーチューブです。これをユーチューバーの私が言うのもなんですが、やっぱり途中でやめるのが難しい。

勉強中の休憩では、関係のないユーチューブはさけたほうが無難です。

09

音楽を聴きながら勉強するのは復習に限定する

▼音楽を気持ちの切りかえに使って、勉強効率を下げない

■集中しているのは勉強ではなく音楽のほう

「音楽を聴きながら勉強してもいいのか」という質問は、よく受けます。それに答えるなら、**「できればやめたほうがいい」**です。音楽を聴きながらだと、どうしても勉強効率は悪くなるからです。

勉強に集中している脳の一部が、音楽のほうに持っていかれます。特に歌詞がある曲は、無意識のうちにそれを聴き取ろうとしてしまうんです。

たまに「私は音楽を聴いたほうが集中できる」という子がいますが、**本当は勉強じゃなく、音楽のほうに集中して目がさえているだけ**だったりします。

実際に私も塾講師のときに、生徒たちに協力してもらって実験してみたことがある

んです。

「英単語を15個暗記する」というミッションを与えて、音楽がある場合とない場合でやってもらいました。そうしたら、**やっぱり多くの子が音楽を聴かないほうが効率よく暗記できるという結果になった**んです。

■ 初見の問題や暗記には向かない

しかし、音楽を聞きながらの勉強を、「絶対にダメ」とは言いません。

ただ、1つだけ条件があって、**音楽を聴きながらやるのは、一度やったものの復習限定。**

たとえば、前日にやった数学の問題を覚えているかどうかの確認作業。その程度であれば集中力をそれほど使わなくてもこなせるので、音楽でリラックスしながら勉強するのは悪くありません。

でも、初見（しょけん）の問題や、さっきの暗記ものなど、音楽を聴かずにやれば10分で終わるところが、30分かかってしまうことがあるでしょう。それなら音楽を聴かずに10分で勉強を終えて、残り20分ゆっくり音楽を聴くほうがいいですよね。

寝ること、食べることを大事にする

▼体調管理をしっかりして、集中力を支える

■睡眠時間は絶対に削ってはいけない

自分の体調を管理することは、勉強に集中するために欠かせません。私が大事にしている体調管理法は、「ちゃんと寝る！」と「ちゃんと食べる！」。勉強をがんばろうとすればするほど、真っ先におろそかにしがちな2つです。

勉強計画を立てていて時間が足りないと、みんながまず削ろうとするのが睡眠です。でも、これは絶対にやめてください。睡眠不足によって、目に見えて集中力と勉強効率が落ちます。

私も、大学受験のとき、睡眠時間を2、3時間まで減らして勉強したら、勉強効率がどんどん下がりました。日中もボーッとしてしまうし、前日にやったこともちゃん

と記憶に残らなくなり、見事に体も壊してしまったんです。

「睡眠時間は削ってはいけないもの」という大前提で計画を。生活のリズムをつくって勉強に集中するためにも、決まった時間に寝起きするのがベストです。

■ 勉強のエネルギー源となる食も大切に

食べることも大事です。中には、勉強のために食事を抜く子がいますが、絶対にやめてください。勉強に集中するために必要なエネルギーを補給してください。

極端に食事制限をするようなダイエットも、確実に集中力を下げます。体に必要な栄養をとらないと、頭もシャキッとしません。

また、**自分の中で勝負飯を決めると、それがモチベーションを上げるためのトリガーになります。**

私は母親のつくるコロッケが好きで、テスト前にはよくねだっていました。油ものは消化に悪いのですが、食べ慣れたもので、それで元気になるなら気にしなくてもいいでしょう。ただ、食べ慣れていないものや、お刺身などお腹をこわす可能性のあるものは、テスト前などにはやめておいたほうが無難です。

11 筆箱には選び抜いた精鋭だけを入れておく

▼ペンを探すムダな時間が減り、目の前の勉強に集中できる

■勉強中の集中が乱される筆箱

私はよく、「筆箱はデブにするな！」と言うのですが、筆箱には本当に必要な選び抜いた精鋭（せいえい）の文房具だけを入れてください。それは、勉強中の集中を乱さないためでもあります。

何色あるのってくらいパンパンにペンが入った筆箱から、目当ての文房具を出すことに時間をかけている子がいます。

わずかだと思うでしょうが、勉強中のその数秒はすごくもったいないんです。集中が途切れてしまう原因にもなっています。

本当に勉強のことを考えるなら、シャーペンと消しゴム、あとは3色か4色のボー

ルペンが1本あれば十分。プラス、蛍光ペンが1、2本入っていてもいいでしょう。それくらいスリム化できれば、必要なものがパッと出せるはずです。

塾講師の頃、生徒の筆箱も「はいこれ、いる・いらない、どっち?」と、どんどん仕分けしていました。みんなもぜひ、本当にいるものだけを残してください。

■ 文房具は自分で気に入ったものを選ぶ

私が今までいろんな子を見てきての印象なんですが、**文房具にこだわりがある子は、勉強ができる子が多い**んです。

これは別に高い文房具を使っているとか、そういうことではなくて、たとえ100均のものでも、「これがオレの相棒」という感じで愛着(あいちゃく)を持っているんですね。ちゃんと手になじんで書きやすいものを、自分の感覚で選んでいるんです。お父さんお母さんがいい文房具を買い与えることがありますが、**それよりも「自分で選んで買う」というのが重要**です。

たかが文房具と思わないでください。ささいなことなんですが、**自分が勉強に向かうスイッチを入れるのには意外と大きな力を発揮(はっき)している**のです。

コラム

5

葉一が愛用する文房具いろいろ

ここで、私の愛用品を紹介したいと思います。

高校からずっと使っている①シャーペンは、振ると芯が出る機能はロックして、絶妙な芯の出具合にこだわって使っています。あと、筆圧(ひつあつ)が強くて手が疲れやすかったので、芯はB、2B、3Bとか濃いものにして、サッと軽く書くようにしているのもポイントです。

②消しゴムは、最初は安かったから買っただけですが、消し心地が気に入っています。そして折れにくい。

本が立てられる③ブックスタンドも重宝しています。

①ゼブラ：テクトツゥーウェイ・ライト

②サクラ：アーチ

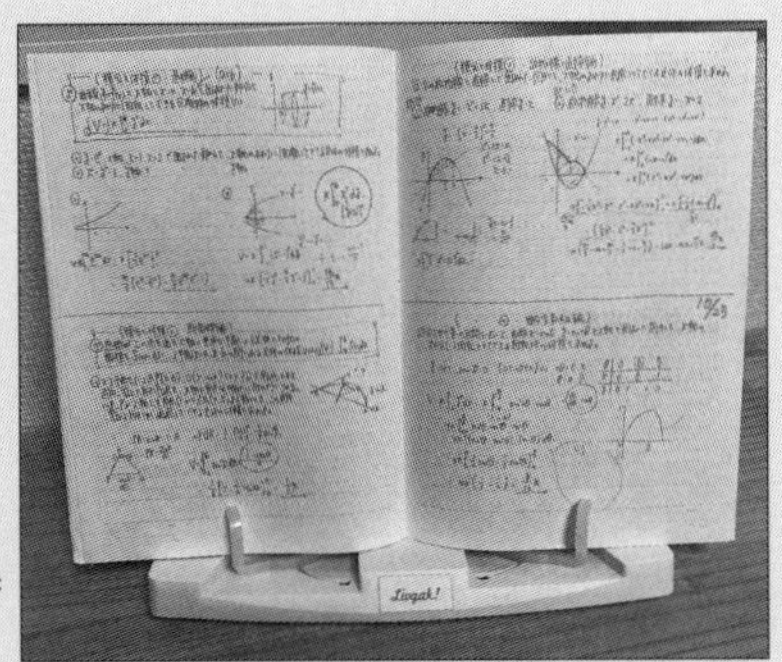

③スペースが確保できるし、勝手にめくれたりもしない。教科書を立てると自分との間に閉鎖空間ができて、集中もしやすいんです。

第 6 章

「やる気と自信」を力にする

勉強のモチベーションを上げて結果を出すためにも、
絶対に不可欠。
やる気と自信のモトになるものは?

01

簡単な問題から「解けた！」という体験を重ねる

▼勉強が楽しくなって、やる気も自信も出てくる

■「がんばればクリアできそう！」のラインが楽しい

私はゲームが大好きですが、あまりにもクリアするのが難しすぎるようなやつだと楽しめません。

ゲームが楽しいラインは、「クリアできるかできないか微妙なくらい、難しいけど、がんばればクリアできそう！」なんです。

実はこれ、勉強にも当てはまります。「解ける！」と思えたら、やっぱり楽しい。

だから**勉強を楽しもうと思ったら、自分で解けたといううれしい経験をたくさん重ねるのが一番**なんです。

私のまわりの頭がいい人たちがやっていたのが、**まずは「わかる問題」から始める**

という方法です。いきなり難題をやるのではなく、簡単な基礎問題から始めるんです。とっかかりですごく難しい問題に当たると、そこでやる気がそがれてしまうからです。最初の5分か10分は、すんなりできるものをサラサラッとやるんです。ちょうど準備運動で走るような感じです。

簡単な問題を解いて体が温まったら、難しいものにも挑戦していきましょう。

■成果が出れば勉強も楽しくなっていく

そして、直感も大事にしてください。「今日は暗記がいけそうだな」と思った日は、最初の5分で英単語の暗記をさらっとやって、「よし、いい感じ。次にいこう!」とやると、勉強に身が入りやすくなります。

そうやって「できた!」という体験を増やしていくほど、やる気も自信も出てきます。

ダイエットも成果が出れば楽しいし、筋トレも腹筋や腕立て伏せの回数が増えて、筋肉がついてきたことが実感できると楽しくなりますよね。勉強も同じです。

楽しくなるまでが大変ですが、まずはそこを目指してがんばっていきましょう。

02

寝る前に必ず1つ、「今日の自分」をほめる

▼ポジティブな自己暗示が、やる気と自信のモトになる

■ 今日、がんばれたことは何？

結果を出すってそんなに簡単なことではありません。今日、めちゃくちゃ勉強をがんばったら、明日、すぐに成績がアップするわけじゃない。努力が結果として表れるには、それなりの時間がかかります。

結果が出るまではどうしても、「本当に結果が出せるかな？」と疑心暗鬼になってしまうものです。そんな人にオススメの方法があります。

それは、**寝る前に「今日の自分」をほめる**こと。本当は3つくらいほめるところを挙げてほしいところですが、最低1つ。1つだけ、どんなに小さなことでもいいから、今日自分ががんばったことをほめて、眠りについてください。

自分で自分をほめることを習慣にすると、とてもポジティブな気持ちになることは、すでにさまざまな本で語られています。

実際に試してみたという子からも、「続けていたらすごく前向きになれました！」と聞きました。ポジティブな自己暗示というのは、自己肯定感を高めてやる気と自信を引き出すためにも、とても大切なことです。

■「運がいいから大丈夫！」なら誰でも言える

自分をほめる言葉がどうしても見つからないという子には、もう1つの方法も教えておきます。私がすごくネガティブだった高校生の頃、2年くらいやり続けたら、自分の考え方がかなり変わったと感じた自己暗示法です。

鏡の前で、「お前は運がいいから大丈夫だ」と言うだけ。歯みがきの前でも、鏡の前に立ったときに毎日投げかけてほしい言葉です。

「お前は勉強ができる」と言っても、「いや、できないし」となっちゃいますが、「運がいい」と言うと、「ん、そうかも？」ってだんだん思えてきたりする。言霊じゃないですが、言葉の力ってやっぱり大きいんです。

アメとムチ？ムチとアメ？

▼がんばった先にアメがあることでやる気が出る

■今度のテストに向けてがんばるためには

「アメとムチ」という言葉を順番通りに解釈（かいしゃく）すると、「アメを与えておいてムチ打つ」ということなんですが、勉強のごほうびの場合は絶対にアメをあとにしてください。最初にアメをもらったら、あとはムチを打たれるだけ。何を目標にムチに耐（た）えればいいかわからなくなります。

よく「○○を買ってあげたんだから、今度のテストはがんばってね！」というお父さん、お母さんがいますが、それではアメだけ先にあげることになります。

小学生だと、「お菓子買ってあげたんだから、宿題やっちゃいなさい！」などもあります。しかし、すでにお菓子をゲットした子どもたちは、その後宿題をする意味を

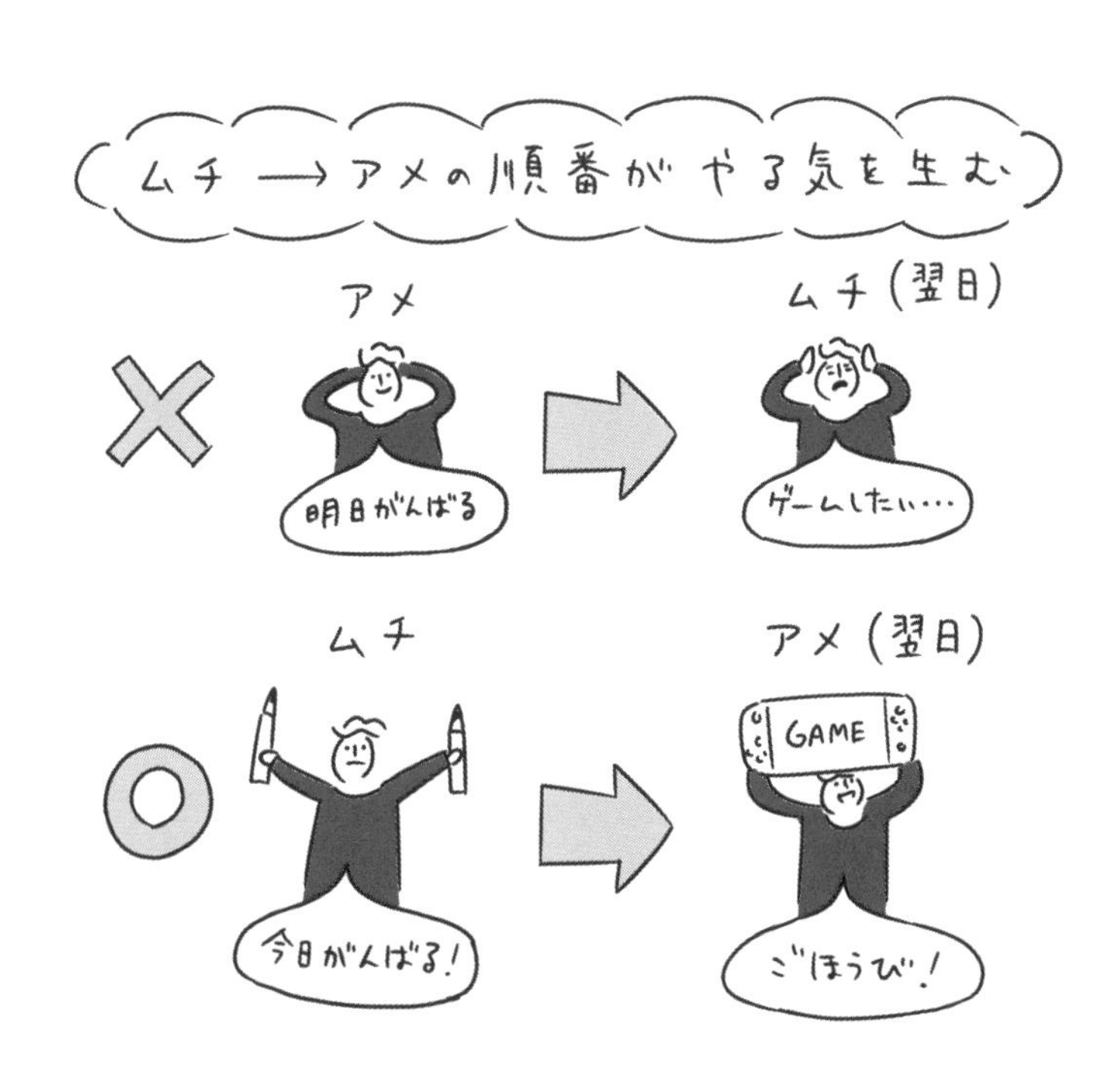

見いだせないものです。

では、正解は何でしょう？

それは、**「がんばったら、○○買って！」**です。みんなの家でOKしてもらえるかはわかりませんが……。

べつに、何かを買ってもらうことだけが「アメ」ではありません。**勉強をがんばったあとに、ごほうびの休憩をとることもまた、「ムチとアメ」です。**

だから、「今日はゆっくり休んで、明日がんばろう！」は基本的にはダメです。

「今日はがんばる。目標のところまで終わったら、明日はちょっとゆったりしようかな」にしてください。

やる気と自信のモト

04

「うるさいなぁ」のモヤモヤは勉強にぶつける

▼結果を出して見せれば、自分の気持ちもスッキリする

■わかってもらうには結果を出すしかない

最近、お父さんお母さんのことを「うるさいなぁ」と感じるという人、いますか？　うなずいている子もいると思いますが……。きっとみんな、いろいろ言われる時期だと思います。

ちょっと休んでいただけで「またゲームしているの？」なんて小言を言われると、「自分だってがんばっているのに」と、なんだかモヤモヤしますよね。

たぶん今、どちらが正しいとかはなくて、お父さんお母さんは心配で、いろいろと目についたことを言いたくなってしまうのです。

その両方の気持ちをスッキリさせるには、勉強で成果を出すのが一番の近道です。

小言でモヤモヤしたときは、そのくやしさを勉強にぶつけてください！

■ まだまだ教育系ユーチューブへの誤解も

私としては、子にうるさく言うのは、あまりいい影響を与えるものじゃないと考えています。

この本の最後に入れた保護者の方向けの章にもそういったことが書いてあるので、ぜひ読んでもらってください。

中には、私の授業動画を観て勉強していると、「何、ユーチューブなんて観てるの？」「そんなので勉強ができるわけないじゃない！」と言われたりしてしまう子もいるんだそうです……。

お父さんお母さん世代には、まだまだユーチューブは誤解のあるメディアですよね。

でも今は、教育系動画もだいぶ充実してきています。

だから、そんな子たちにこそ、がんばってお父さんお母さんにいい結果を見せてほしい。**「今はユーチューブでも、ちゃんと結果が出せる勉強ができるんだぞ」**ということを、みんなの力で広めてもらえたらうれしいです！

05

ネガティブな気持ちを「なにくそ」と力に変えていく

▼ダークエネルギーも、勉強する大きな原動力になる

■夢や希望だけに頼らなくてもいい

大人はどうしても、子どもにはできるだけプラスになることを伝えたいと思うので、夢とか希望とかばかり言いがちなのですが、**とても人に言えないような、ドロドロしたダークな気持ちはときにすさまじい力を発揮します。**

私は中学生の頃、いじめにあったこともあってすごくネガティブでした。「なんで自分は生きてるんだろう」って思っていたくらい。でも、絶対に見返したい、というダークな気持ちが原動力になり、そのための行動をいろいろしてきたことが今につながっています。

ここまでユーチューバーを続けてこられたのだって、初期の頃にたたいてきたアン

チを見返してやろうっていうのが根本にありますからね。

みんなも日々、いろんなことがあると思いますが、「なにくそ」と思った気持ちは、ぜひ勉強にぶつけてその気持ちも力にしてください。

■ 自分の現状を打破するための勉強

ダークエネルギーって、変な方向にいくと大変ですが、自分にとっていい方向にいくぶんには、めちゃくちゃ強い力になります。

そもそも人が何かを学ぼうとする、勉強するモチベーションというのは、今ある「自分の現状」に何か不満があって、そこから抜け出して自分の可能性を広げるために生まれてくるという話があります。

それって本当にそうだな、と思います。私もやっぱり、ネガティブな自分を変えたくて行動できたから。**ネガティブだって全然いいんです。でも、その思いを自分を成長させる行動力に変換（へんかん）していってほしい。**一歩踏（ふ）み出すことは大変ですが、今の自分が嫌なら、その現状から抜け出す行動を起こさないと何も変わりません。

勉強は、そんな自分に自信をつけるためのツールでもあるんです。

勉強の成功体験を、できる限りたくさん重ねていく

▼小さな成功体験の積み重ねが、大きな挑戦や将来につながる

■中学の勉強は、人生で築くピラミッドの土台

何かに挑戦して結果を出す成功体験は、人に自信をつけ、また新しい挑戦に向かうやる気も引き起こしてくれます。たとえそれがどんなに小さな成功体験でも、いくつも重ねれば、やがて大きな挑戦もできるようになっていくわけです。

中学生が一番手っ取り早くできる成功体験といえば、勉強で成果を出すことです。それもやっぱり最初は小さな成功体験でよくて、その積み重ねが大きな結果につながっていきます。

勉強はそうやってピラミッドのように積み重ねていくものですが、**中学3年間で築く土台は、その後の人生にも大きく関わります。**ここで土台が半分しかできなかった

ら、その上に重ねるピラミッドは半分以下になってしまうんです。

だから、中学時代にはできる限り大きな土台をつくっておいてほしい。

努力して結果を出す力を養うために

中学で習う因数分解も、社会に出たらほとんど使わなかったりしますが、**「因数分解なんて勉強しなきゃよかった！」なんて大人は、いません**……たぶん。

「因数分解、やったよね〜」とか言いながら、後悔（こうかい）するどころか、ちょっと誇（ほこ）らしげでさえある気がする。たぶん、その勉強が実際に役に立ったかどうかということよりも、「がんばって解けるようになった」という自分の成功体験にこそ、意味があるから。努力が実る経験って、やっぱり自信につながるんです。

私たちユーチューバーも、外からはキラキラしたシーンしか見えないでしょうが、そのためにみんな、見えないところでめちゃくちゃ努力しています。それは、どんな仕事でも同じです。

今、努力して結果を出す経験を重ねて、挑戦できる力を身につけていけば、将来どんな道を選んだとしても、必ずプラスになると私は思っています。

07

気分が落ち込む自分も受け入れて、まずは動く

▼どんなときも前に進める自分になる

■きっと一歩なら動けるはず

中学生は多感な時期と言われますが、誰かの言葉で傷ついたり、友だちとの人間関係がうまくいかなかったり、勉強や部活で思う結果が出せなかったりして、落ち込むこともありますよね。

何か理由があるわけでもなく、なんとなく気分が沈むときだってあります。そういうときはどうしても、勉強に集中できません。

時間が解決するのか、何かのきっかけで復活できるのか、それは誰にもわからない。でも根本的に、一度落ち込んだ感情が永遠に落ち込んだままになることはなくて、どん底にずっと居続(いつづ)けるわけではありません。

ドン底の気分でも、一歩でも進めよう
ずーん
ほんの少しでも勉強すると自信になるよ
ENGLISH

そして、誰だって落ち込むことくらいあるので、**「べつに落ち込んだっていいんだ」と思ってください。**

「なんで私、こんなにちっちゃなことで悩むんだろう」とか、「なんでこんなにウジウジしてるんだろう」と、落ち込んだ自分をさらに落ち込ませる悪循環（あくじゅんかん）にはおちいらないように。

だから、**まずは一歩、動いてみてほしい。**落ち込んでいてもできることはあるはずです。今動ければ、いざというときにも動けるようになります。

いつも１００勉強するところを、10でも5でもいいから進めるんです。そうすれば、「私はこんなに調子がよくないのに5もできた！」と自分が正当化できて、また前に進めます。

08

のらないときにやる勉強や気分転換の切り札を持っておく

▼気持ちを切りかえたいときは、すぐに実践

■集中できないときは復習を中心に

人間、気分がのらないときはあります。なんとなく勉強に集中できないときにはどうしたらいいのか、ここで2つの解決策を提案します。

解決策①：勉強する内容を変えてみる

気分がのらないときは、**初めてやる演習問題や、新しいものの暗記など、エネルギーが必要な勉強はあまり向きません。**昨日やった暗記をもう一度やって定着(ていちゃく)させたり、一度勉強したものの復習をしたりするのがオススメです。

解決策②：思い切って小1時間くらい休んでしまう

好きなことをして気持ちをリフレッシュするんです。短い休憩をとってもなかなか集中が戻らないときは、体が本当に疲れていてエネルギー不足になっているかもしれません。

私の実家は群馬の地方の町なんですが、勉強にいきづまると屋根にのぼって町の景色をよく眺めていました。近くに流れる利根川まで自転車で行って、その土手で過ごす日も。水を見るのが好きなので、海なし県の群馬では川が癒しスポットだったんです。

そして、リフレッシュできたら、ポケットから単語帳を取り出していました。**みんなも自分のリフレッシュ法を見つけてください。**

09

地域の高校を調べて、夢をつかむアンテナだけは立てておく

▼イメージを広げることでやる気が出る

■地域の高校は卒業後の進路も調べておく

受験までの学習計画を立てるために、中1でも自分の地域の高校を調べたほうがいいという話はしましたが（↓46ページ）、**それぞれの高校の偏差値（へんさち）や特色と一緒（いっしょ）に、できれば「卒業後の進路」の実績（じっせき）も調べてみてください。**

中学生は、まだそこまで明確な将来の目標を持っていない子も多いのですが、どの高校を選ぶかで、その先の進路の選択肢まで変わってきます。

「○○高校は国立大学にこれだけの数の人が行っている」とか、「△△高校では全体の5割が就職している」とか、そういうことはできるだけ調べてみてください。

高校から大学に行くのか、専門学校なのか、就職するのか、それぞれいろいろ選択

肢があります。お父さんお母さんにも聞いたりしながら、自分の将来を考えてください。**目標はより具体的になるほど、やる気につながります。**

■ アンテナを立て、自分の興味を大切に生きる

よく大人たちは「夢を持とう！」と言いますが、みんなが将来の夢を持っているかと言えば、たぶん中学生の半数以上は持っていないんじゃないかと思います。

確かに夢はあったほうが、自分の目指す方向がはっきりしやすいのですが、それだけのことなんです。あせって見つける必要はありません。

ただ、**自分の夢を見つけるアンテナを立てることだけは、やめないでほしい。「自分には無理」とか「才能がない」と思うことも、アンテナを下げる行為です。**

もし、テレビか何かを見て「そんな仕事があるのか、おもしろそうだな」と興味がわいたら、その瞬間にネットで調べてみて。そのあと、「やっぱり全然、興味ないことだったわ～」となっても、全然かまわないのです。

自分の興味を大切に生きてください。その連続で、いつかある日、「これ、いいかも！」と踏み込むことによって、それが仕事につながっていくものです。

10

高校受験を自分なりにがんばって、乗り越える！

▼決断力、創意工夫力、自己コントロール力、継続力が身につく

■高校受験は人生の中でも大きな関門

これからの将来に大きく影響（えいきょう）し、自分を成長させる中学校最大のイベントは何でしょう？

部活や恋愛という声もあるかもしれませんが、やはり多くの中学生に当てはまるのが**高校受験**です。今、受験はみんなの前に大きく立ちはだかっていますが、それは人生の中でも大きな関門の1つです。

ある1つの目標に向かって1年も走り続けるような経験、長い人生の中でもなかなかありません。

そんなすごいことを、15歳の若さで初めてやってのけようとするわけだから、苦し

くて当たり前なんです。どうしても悩むし、絶対につまずく難しい問題と出合うし、感情をコントロールし続けるのも大変です。

でも、この関門を乗り越えられれば、みんなは大きな力を手に入れることになります。

たとえば、自分で決める「決断力」、頭をひねって問題を解いていく「創意工夫力」、勉強に集中し、冷静に対処できる「自己コントロール力」、目標に向かってへこたれることなく進んでいく「継続力」など。どれも一生モノの力です。

個人的には**受験って、すごく素晴らしいイベント**だなと思います。将来の大きな実りのためにも、コツコツと苗を植えている今が、がんばりどきです！

コラム

6

やる気をくれるマンガや音楽

勉強とは直接関係ないものから、ふとやる気をもらったりすることってあります。

私にとっては、マンガとか音楽でした。マンガも学習マンガとか勉強にからんだ話というわけじゃなく、純粋にマンガとしておもしろいもの。

高校の頃は『スラムダンク』ばかり読んでいました。主人公の桜木花道が試練を乗り越えたりするのを見て、「オレもがんばろう!」と思えたりして。

あとは『ブラック・ジャック』。彼の芯のある生き方に感化されたりもしましたね。

音楽は当時、浜崎あゆみさんが好きでよく聴いていました。

みんなもそんな自分のスイッチが入るものをぜひ大切にしてください。

『スラムダンク』は本当にオススメ。みんなのお父さん世代はだいたいファン。今の『鬼滅の刃』と同様に社会現象にまでなったマンガです。ただし、一度読みだしたら止まらなくなることがあるので要注意。

第 7 章

「とある男が授業をしてみた」使い倒しワザ

葉一がユーチューブで配信している
授業動画「とある男が授業をしてみた」を
自宅学習に活用するためのワザを伝授!

教科書まるまる1冊を解説する葉一の授業動画

■ 教科書でわからないところ全部が観られる

私のユーチューブチャンネルは、「教科書まるまる1冊を動画化する」をテーマにスタートしました。

初投稿は2012年6月1日。そこから少しずつ教科書を授業動画にして、ようやくそのテーマが達成できたのは6年目くらいです。

たとえば、中学**2年生の数学の動画は80本くらいありますが、それを全部観れば、教科書まるまる1冊を勉強したのと同じ勉強量になります。**

ユーチューブだと、普通はみんなが気になるような単元だけをピックアップして、できるだけ多くの人が観てくれる動画を制作するものなんですが、私はどんなにマイナーな単元でも、教科書を全部動画にすることにこだわりました。

国語は文章が著作権の問題でそのまま使えないので、文法だけになっていますが、**教科書の範囲としてはほとんど網羅しています。**英語、数学、理科、社会も、中学校の教科書にまつわる授業は観られる状態です。

ほかにも挑戦したい授業動画があるので、一生かけても全部は撮り終えられないだろうなと思っています。

そんなこだわりがあるからこそ、ホワイトボードに書くオリジナルのフォントにこだわっているとか、あえてテロップを入れない、編集したりしない理由など、いろいろ私の創意工夫や苦労話を自慢したいところですが、本書のテーマとは大きくかけ離れるので、ここではその思いをグッと飲み込みましょう。

ここからは、みんながより効率的な自宅学習ができるように、私のチャンネル「とある男が授業をしてみた」の使い倒しワザを詳しく紹介していきます。

使い倒しワザ

01

迷ったら、学校で今やっているところの復習から

▼学校の授業でわからなかったところを、何度でも観返せる

■どれでも自由に観てもらってＯＫ

最初にお伝えしておくと、私の動画は本当にみんなの自由に、使いやすい方法で観てもらえればいいというスタンスでつくっています。

「どれを最初に観るべき」とかはないので、気になったところからクリックしてみてください。

それでも、「最初にどれを観たらいいかわからない！」ということなら、**まずは今、学校でやっているところの復習に使ってみてください。**

ホーム画面にあるリストから、自分の学年と観たい教科を選んで入っていくと、教科書で出てくる順に動画のリストが並んでいます。

「とある男が授業をしてみた」を使いこなそう！

授業の内容もそれぞれの動画のタイトルを見ればわかるようにしています。学校の授業で一度聞いてわからなかったところも、私の授業動画なら何度でも観ることができます。

パソコンで見た場合のホーム画面

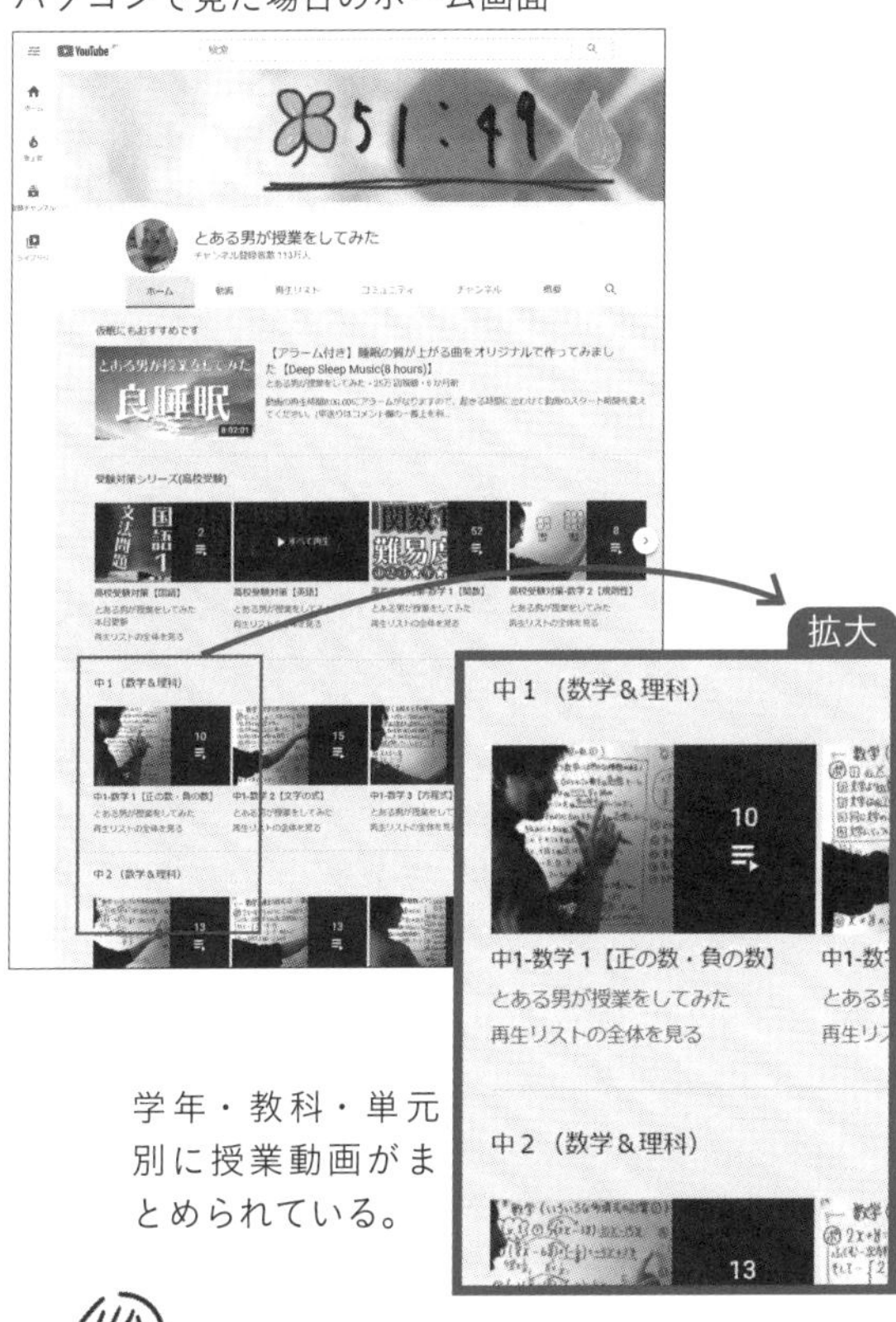

学年・教科・単元別に授業動画がまとめられている。

今日の学校の授業でわからなかったところがあったら、私の授業動画を見て復習しよう。

使い倒しワザ

02

復習をするときは、基本的に全部は観ない

▼自分にとって復習が必要なところだけ観て、早く終える

■早送りして、必要なところだけチェック

復習で私の動画を観るときのアドバイスは、**「基本的に全部は観ない！」**です。

予習に使うのであれば全部観ないとわからないですが、復習というのは学校の授業で習った内容をもう一度確認する作業ですよね。中にはすでに理解できていて、復習の必要がないところもあるはずです。

第4章で日々の勉強ルーティンとしてオススメしましたが（↓86ページ）、学校の授業中は先生の話を聞いてわからなかったところや、不安が残ったところをその場でチェックして、あとで復習できるようにノートに印をつけてください。

動画は早送りして、印をつけた部分に関係があるところだけ観ていけばＯＫです。

授業動画を観るときのオススメ3ステップ

もう1つ具体的なやり方をお伝えしましょう。

まず、**動画の最初にある全体の問題が出ている画面で一時停止をして、一度解いてみます。**それで、自分が理解できている問題かどうかはすぐ判断できますよね。

丸つけは、動画の最後に答えが全部出ているので、そこまで早送りしてチェックしてみてください。あとは、そこで**間違えてしまった問題をピックアップして、その問題を解説しているところまで早送りをして観てください。**

ステップ1
動画の最初の問題に挑戦

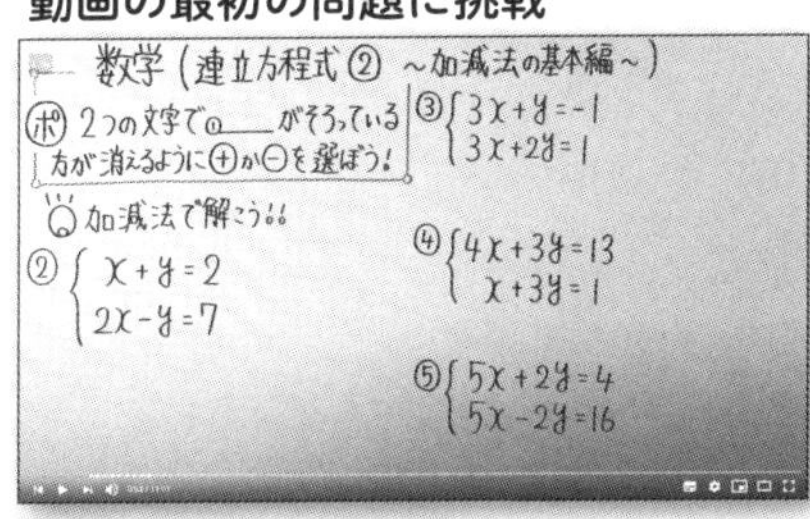

ステップ2
動画の最後の画面で答え合わせ

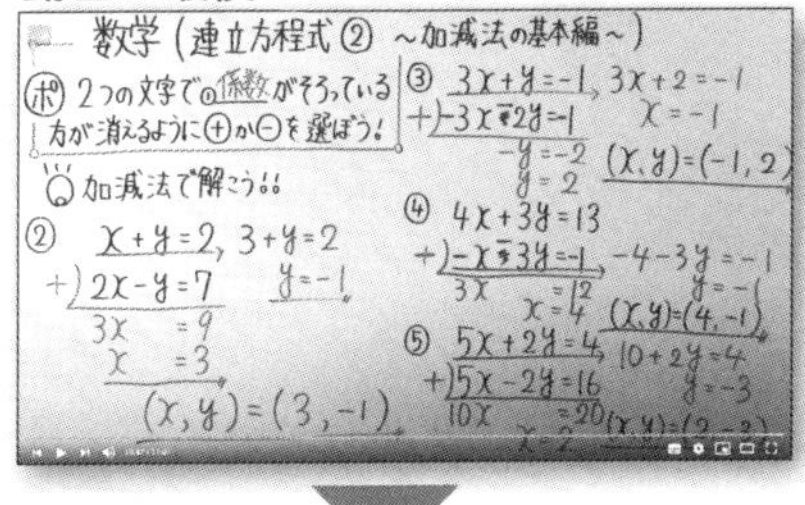

ステップ3
間違った問題の解説の箇所だけ観る

使い倒しワザ

03

学校で授業を受ける前に予習としても使える

▼得意科目などは、やる気が出たときにどんどん進められる

■授業前日に動画を観てポイントを押さえる

私はもともと、この動画は学校の授業の復習に使ってもらえるかなと思って教科書をベースにしたのですが、意外と予習で使っている子も少なくありません。

これまでも書いてきた通り、予習はあくまでも復習がしっかりできてから、余裕があればするものです。しかし、それだけでは飽(あ)き足らない向学心あふれる子もいると思うので、予習用の授業動画の使い方を紹介しておきます。

予習として観てくれている子は、**明日学校でこの授業があるなっていうときに、私の動画を観て、ポイントを押さえたうえで授業にのぞんでいる**ようです。

「一度、動画を観てから授業を受けてみたら、授業が超わかるんです。それから予習

で観ています！」とか、コメントをもらいます。私がそれを教えたというよりも、みんながそれぞれ自分の使い方を開発してくれている感じです。

まだ全教科が平均点に届いていないレベルの場合、５教科全部ではなく２教科から攻めるべきだという話をしましたが（↓62ページ）、そうやって得意科目ができると、楽しくてどんどん予習を進めたくなるということもあります。

中には、私の動画で勉強して、上の学年対象の数学検定を受けているという小学生のツワモノもいます。そんなふうに勉強に夢中になる体験、ぜひしてもらいたいです。

使い倒しワザ

04

倍速再生も利用しながら授業動画を観る

▼時間が短縮でき、能動的に集中して観ることができる

■予習でも復習でも使ってほしいワザ

予習で私の動画を使っている子の多くは、倍速再生して観ているようです。使っている子に聞くと、私のカツゼツは最高の2倍速でもちゃんとわかるそうです。そもそも予習ができる子は成績もいいから、2倍速でも理解できるところがあるのですが、私も倍速で聴くのはオススメです。なぜかというと、集中できるから。もちろん、2倍速なら15分の授業が7分半で観られるので、短縮できるメリットがあります。それプラス、倍速にすることで「ちゃんと聴き取らないと」という意識が働いて、動画を観る体勢が受け身にならず、能動的（のうどうてき）になるんです。

これは、予習だけではなく、復習でもどんどん活用してほしい機能です。ちゃんと

聴き取れるように倍速の度合いを調整するのもポイントです。

2倍速で聴き取れなければ1・75倍速や1・5倍速にして聴いてみる。

そうやって教科ごとに自分で速度をコントロールしていくことで、より集中力も高まって、頭に定着（ていちゃく）しやすくなります。

パソコンのブラウザでもスマホでも、簡単に再生速度の設定ができるようになりました。ぜひ、お試しください。

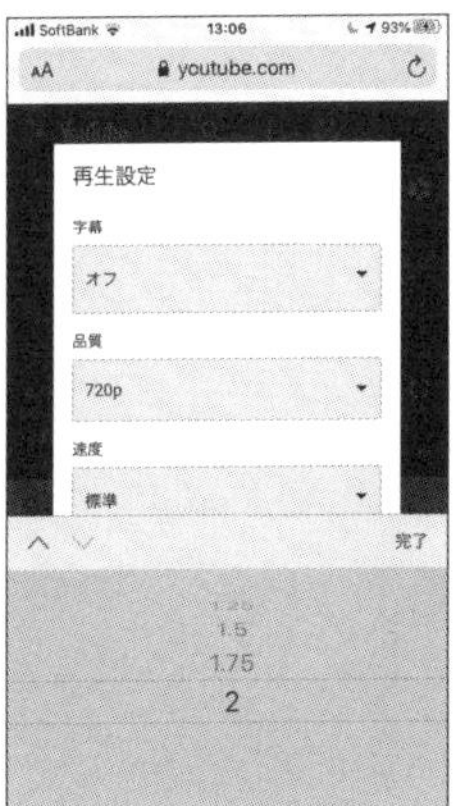

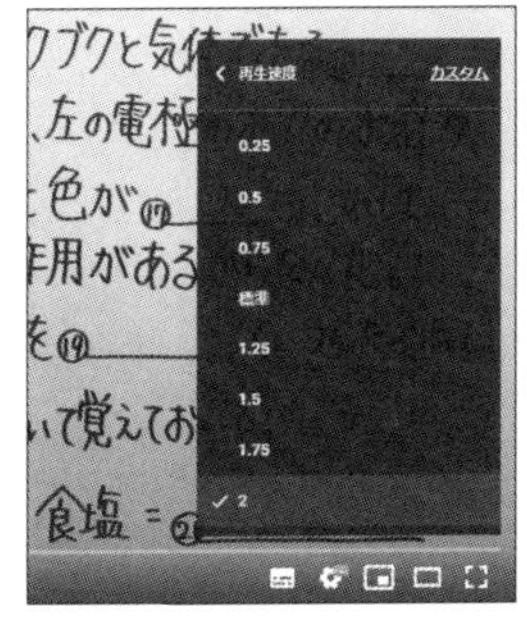

参考
左：スマホ画面
下：パソコンのブラウザ

使い倒しワザ

05

定期テスト対策を始めるときに観る

▼ワークなどをやる前に、復習のインプットができる

■テスト範囲の基礎を固めるために

だいたい定期テストの時期の前になると、私の動画を観てくれる子が増える傾向があるのですが、聞いていると、**「これからやるぞ！」というタイミング、つまり最初に観ることが多い**ようです。

問題演習のワークなどをやってアウトプットするために、**テスト範囲の授業動画を先に観て、基礎をインプットしておくのは、とても効果的なやり方**です。

「ここはやっぱりあやしいな」とか、「苦手だな」というところを再度チェックしておくのも、弱点を克服(こくふく)していくのに役立ちます。

このように授業動画から、イメージしていたテスト範囲からモレていたところや、

自分の弱点を確認することで、中心的に取り組むべき演習問題や暗記すべきところが明確になるので、効率的にテストの点数を上げやすくなるのです。

テスト範囲すべてではなく、苦手科目、あまり理解できなかった単元を中心に、倍速で見直せば、時間がかかりません。

使い倒しワザ

06

高校受験に向けてひと通り観て穴をチェックする

▼苦手な部分を補強し、気づかなかった弱点もわかる

■余裕がある子は「高校受験対策」シリーズを

レベルが高い子でも、受験勉強で「教科書ベースの授業動画はひと通り観ます」という子は多いです。そうすれば、**自分の弱点も克服できますし、それまでは気づいていなかった自分の穴も見つけることができます。**

そういうときにもぜひ倍速再生を使ってもらえればと思うのですが、パッパッと動画の問題を見ていったときに、解法がすぐ頭に浮かぶものは「これはわかるな」とスルーしてください。でも、**「解き方が出てこないな」**と思ったら、**そこに穴があるん**です。

もう1つ、受験勉強としては動画のリストに**「高校受験対策」シリーズ**があります。

「高校受験対策」シリーズには2つのレベルの授業動画がある

発展問題が多い動画

難関校を目指すタイプの難しい問題を解説した授業動画。

基本問題が中心の動画

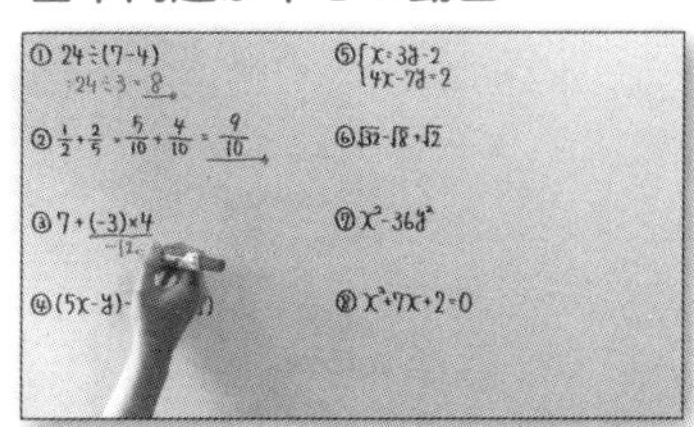

受験や模試で確実に解いておきたい死守すべき問題を解説した授業動画。通称「死守シリーズ」。

発展問題に挑戦するなら、基本問題を確実に解けるようになってからにしよう。

ずっと教科書をベースに授業動画をつくってきましたが、「もっとレベルが高いものもやってほしい」というリクエストをたくさんいただきました。そこでつくったのが、この「高校受験対策」シリーズです。

こちらは基本の教科書シリーズとは違い、受験の過去問をベースにしています。

もちろん、いきなり取り組むには少し難しいかもしれません。基礎に不安がある場合は、先に教科書ベースの授業から取り組んでください。

使い倒しワザ

07

生配信「一緒に勉強しよう」を視聴する

▼みんなと時間を共有する感覚で、勉強に集中できる

■ 葉一がひたすら作業するライブ動画

今、週に2日くらい生配信しているのが、「一緒に勉強しようLIVE」です。その日によって45分〜1時間くらい、私が勉強や作業をしているのを定点カメラで撮っているものになります。

最初の数分、少し話したりすることもありますが、基本的には予定時間に合わせて静かに作業に入ります。みんなもそれに合わせて勉強に集中する時間になります。予定時間までは、私もコメントを読みません。

予定の時間がきたら、「よし、終わり！」という感じで、コメントを読ませてもらったりして配信終了となります。

今では1000人以上の人が参加してくれます。**ライブで一緒に勉強していると、なんとなく1人だけサボれない感覚だったり、安心感もあって、みんな集中できる**ようです。

映像はアーカイブで残してあるので、同じ時間でできなかった人もあとから観ることができます。

「今から1時間だけでも集中するぞ！」というときなどに流すとちょうどいいので、自由に使ってください。

使い倒しワザ

08

葉一のホームページ「19チャンネル」を利用する

▼動画検索や問題の印刷が簡単にできる

■動画に出てくる問題が印刷可能

ユーチューブのページからもリンクをはっていますが、「19チャンネル」という関連ホームページもあります。私の授業動画を探すなら、こちらからのほうが、きれいに整理されていてわかりやすいかもしれません。ぜひ利用してみてください。

このホームページには、それぞれの授業動画で出している問題のPDFもアップされています。そのままクリックして開けば簡単に印刷できるようになっているので、プリントにして使いたい人には便利です。

プリントが便利なのは、自分で一度やってみたあと、間違えた問題を切り抜いてスクラップできることです。

授業動画の検索がしやすいだけでなく、運営事務局による独自コンテンツも

「とある男が授業をしてみた」を応援してくださる方がつくっているサイトです。わかりやすくカテゴライズされているので、2000本以上もある授業動画も検索しやすい。

中1
数学 理科 英語

中2
数学 理科 英語

中3
数学 理科 英語

中学 国語・英語
国文法 古文 英語

中学社会
歴史 地理 公民 時事

歴史の年号や英単語などを聞いて覚える音声暗記「聞き覚え」コーナーなど、運営事務局独自のコンテンツもあります。

オススメの勉強ルーティンでも「間違った問題ノート」として紹介しましたが（→108ページ）、このプリントを使ってやるのが簡単でオススメです。

2枚プリントしておけば、**1枚目は授業動画を観ながら使って、2枚目は動画を観た後、ちゃんとわかったかどうかを自分でチェックするためのテストに使うことができます。**

復習で使う場合も、予習で使う場合も、2枚目で最終チェックテストをすると、記憶が定着しやすいです。

時々、授業動画以外の動画を観る

▼ちょっと気合いが入ったり、癒されたり

■そのとき気になったものが必要なもの

授業動画以外にも、勉強のやり方に悩んでいる子や、受験生向けのメッセージを込めた動画も撮っています。

サムネイルとかタイトルでだいたいの内容はわかるようにしているので、どれでもそのときに気になったものを。

たぶん、みんなが「観たい」って思ったものが、そのとき必要としているものなんじゃないかと思います。

私としても、動画を観ることでみんなが少しでもやる気になってもらえるようなコンテンツにできればと思ってつくっています。

勉強の息抜きに、ぜひ授業動画以外も！

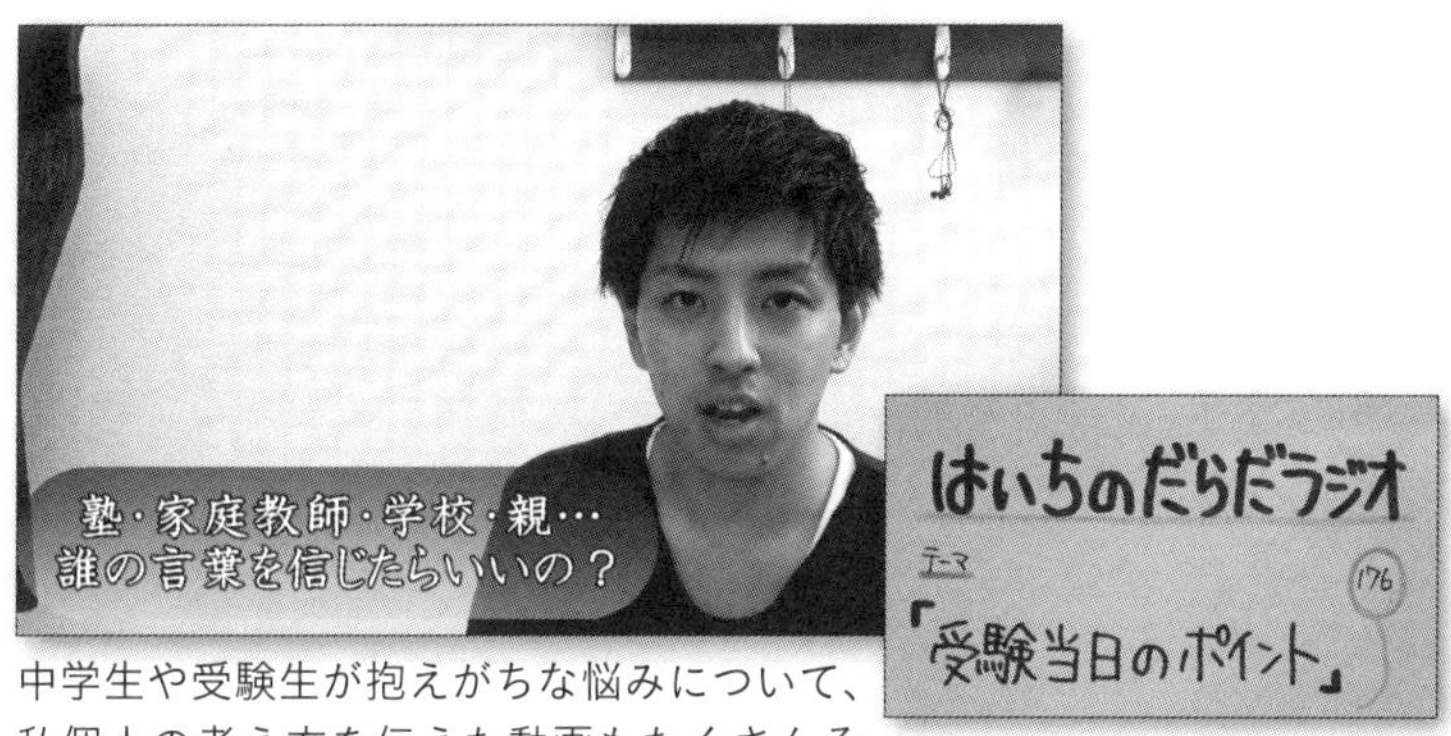

中学生や受験生が抱えがちな悩みについて、私個人の考え方を伝えた動画もたくさんそろっています。音声メインのコンテンツ「はいちのだらだラジオ」も。

人気ユーチューバーとのコラボ企画も多数。きっと、かれらの人生観や勉強エピソードは刺激になるはず。

よくもらう相談ごとに答える形で動画にしているものもあります。

テスト対策とか、勉強そのものの相談に答えているものも多いのですが、メンタル的なことも含めて、受験生ならではの悩みにもこたえています。

私は高校生向けの授業動画もつくっていますが、それ以外のコンテンツは基本的に中学生も観られるものを意識してつくっているので、安心してご覧ください。

使い倒しワザ

10

ユーチューブを使って学ぶいろいろなメリット

▼不登校の子のサポートツールにも

■やる気が出たその瞬間にスタートできる

ユーチューブで自宅学習をする大きなメリットは、「勉強しよう！」と思い立ったその瞬間（しゅんかん）に、クリックすれば無料ですぐに観られることです。やる気が消えてなくなる前に、その場でスタートできます。

一方、デメリットもあります。塾と違って強制力がないことです。家ではいくらでもさぼれます。そうしないためには自分で机に向かう強い意志が必要ですが、この本ではその対処法もいろいろ紹介してきました。

実は私の動画は、不登校の子にもたくさん活用してもらっています。保護者の方に聞いて知ったのは、みんなそれぞれに学校に戻れない理由はあるものの、大きなネックの1つが勉強の遅れなんだそうです。

でも、**私の動画を観て自宅学習に力を入れた子が、保健室登校でテストだけ受けに行ったら、学年で20位以内に入った**という報告もありました。それが自信になって授業も少しずつ受けられるようになり、無事に卒業できたそうです。

その子のお母さんから長文の感謝のメールをいただいて読んだときは、私もめちゃくちゃ泣いたのを覚えています。

たまに誤解されるのですが、私は授業動画を配信して学校や塾にとって代わろうとしているわけではありません。そんなことは1ミリも考えてなくて、むしろ、学校や塾のサポートツールとして存在したいなと思っています。

中学生にとっては身近なメディアなので、「へえ、ユーチューブで勉強できるんだ」と気軽に登録してくれる子が多いのですが、私も、「無料だし、試食してみたら？」という感じです。きっと「おいしい！」って人も、「まずい！」って人もいる。

でも、**「こんなにおいしいものがあるなんて知らなかった！」ということもあるから、まずは食べてみて。**

それで使えるなと思ったら、ぜひ使ってみてください！

コラム

7

注目の教育系YouTube

YouTubeでも、教育系のコンテンツが増えてきていますよね。

中学生以上向けだと、私の授業動画のほかには、「Try IT」なども、さすが家庭教師のトライが制作しているだけあって充実しています。

小学生向けのものでは「小島よしおのおっぱっぴー小学校」もすごくわかりやすい。算数を教えているのですが、小学校の低学年・中学年の子たちの心をわしづかみにしています。

高校生以上だと「ヨビノリ」(予備校のノリで学ぶ「大学の数学・物理」)とか、東大チームの「PASSLABO」もすごく人気があります。

このように、無料で学べる教育系コンテンツが充実してきたことで、より気軽に自宅で高品質な授業を受けられるようになっています。

経済的事情でまともな指導を受けることができなかったあるアフリカの選手は、YouTubeで技術を独学で学び、オリンピックに出場したことで話題になりました。

勉強だって、YouTubeで学べば、いくらでも成績を上げることができるはずです。

第8章

今、中学生の保護者の方に知ってほしいこと

最後に、保護者のみなさんへ。
「一生モノの自宅学習力を育てる」という意味でも
とても大事な時期にいる子どもたちを応援するために
ぜひ実践していただきたいことをまとめました。
中学生のみんなも、この章を読んだら
お父さんお母さんの苦労が少しはわかるかも。
余力があれば、ぜひ読んでみてください!

保護者の方へ

01

子どもたちの自主性を育てるために

▼細かく口を出したり、決めつけたりしない

■圧倒的に自主性が低い子たちの特徴

中学生は大人と子どものはざま。親からしたらまだまだ子どもで、どうしても心配で、「○○しなさい」と決めつけた言い方になりがちです。それは子どもにとって、ある意味幸せなことで、自分で決めなくていいのは、すごく楽なことでもあります。

でも、**何をするにも強要されるがままやっているような子や、「お母さんの考えることがすべて正義」という感じの子は、圧倒的に自主性が低くなります。**

私にも4歳と7歳の子がいますが、自分の親としての仕事は**「子どもたちに選択肢を与えること」**だと考えています。習いごとでもなんでも、親が強要してやらせてしまうのは簡単ですが、それでは本人の自主性が育ちにくい。

自分で考え、自分で動けないと、どうしても勉強効率は悪くなります。まじめな子はそれである程度は伸びますが、やはりどこかで大きなカベにぶつかります。

■ 自分で考えて決めるということが大事

私が子どもたちに教えるときのスタンスは、基本的にいつも「自分で決めよう」です。いろいろな方法が提示できれば、あとは自分に合うものを自分で考えて決めてもらいます。生きる力を養う（やしなう）ためにも、とても大事なところです。

塾や通信教育を受けている子で問題と感じるのは、「親が行けって言うから」とか、「友だちがやっているから」という受け身の姿勢です。それがどんなによいものでも、自分の心から動けないと、効果は限定的なものになってしまいます。

たとえば参考書なども、よさそうなものを買い与えたくなる気持ちもわかりますが、私は**子どもたちが自分で選んで買うことをオススメしています**（↓39ページ）。

ネットなどではなく、実際に書店へ行って、現物を見て、「これがよさそうだな」と自分の感性で選ぶ。その力は絶大です。書店にあるものならどれも悪いものはないので、ぜひ自由に選ばせてあげてください。

保護者の方へ

02

本当に大切なことを伝えるために

▼叱咤・激励は1対9くらいの割合で

■小さな努力も認めれば、もっと伸びる

ちょうど思春期を迎えた子たちを前に、ついつい小言が増えてしまっているお父さんお母さんはいませんか？　子どもたちの将来を心配すると、「もっとこうなってほしい」「変わってほしい」と、どうしても叱咤激励の「叱咤」ばかりしてしまいますよね。でも、**割合的には「叱咤」が1、「激励」を9にする**のを意識してください。

この9の激励やほめることがないと、叱咤はなかなか伝わりません。本当に大事なことを伝えるためにも、叱咤は1にとどめてください。

子どもたちは、「サボっている自分」も「がんばった自分」も、よくわかっています。ところが、「ちゃんと勉強しなさい」ばかり言われると、「わかってるよ」となり、

どうしても心の距離ができます。子どもたちのやる気や自信を本当に引き出したいと思うなら、どんなに小さくてもそのがんばりを見つけるのが先なんです。

特に、**結果が出るまでの過程のがんばりこそ、たくさんほめてください。**それは、最終的に結果が出せるかどうかにも関わる大切な役割です。

■子どもたちは意外と親の顔を見ている

こちらが思う以上に、子どもたちは親を見ています。反抗期で言葉数が減り、一緒にいる時間や接点が減って、何を考えているかわからないような顔をしていても、無関心を装って、すごく関心を持っているんです。

だから、親が何気なく口にする言葉もよく覚えています。それですごく傷つくこともあれば、逆にちょっとしたほめ言葉に内心すごく喜んでいたりします。

そんなお父さんお母さんのほめ言葉は、あとまわしになるほど届きにくくなってしまいます。**何かのほめ所があったときには、その瞬間にほめてください。**あとでほめても効果は薄い。思ったとき、感情が新鮮なうちに伝えるように、私も日々意識しながら過ごしています。

保護者の方へ

03

子どもたちを孤独にしないために

▼自分の失敗談を話すことを恐れない

■大人の経験値を生かす

保護者としての悩みや、カッコ悪いところについて、子どもに隠しがちな方は多いのではないでしょうか。

でも、私がぜひやっていただきたいと思うのが、**子どもに自分の失敗談を話す**ことです。

たとえばアルバイトや就職のときの失敗談とか、恥ずかしい過去の出来事など、いろいろあるはずなのに、あまりそういうことは語りたがらないんですね。でも、**子どもよりも、圧倒的に大人に多いもの、それが経験値**なんです。

成功の経験も失敗の経験もありますが、人生なんて、失敗のほうが圧倒的に多いですよね。それで何か子どもたちに危機感をあおってほしいわけではなく、失敗や葛藤どのように向き合ったかという話を、何かのタイミングでしてあげてほしいのです。気をつけてほしいのが、そこで**「勉強の失敗談」にしない**ことです。それだと「勉強しろってことだな」と思わせてしまって、あまり伝わらなくなります。

■目に入るのはキラキラした成功者ばかり

情報が多い時代ですが、SNSでも子どもたちは同年代のキラキラしたモデルさんや芸能人、成功している子たちばかり見ています。でも実際はもっといろんな人がいるし、かれらもたくさん失敗したから今があるんです。そういうことに着目しないと、**変な劣等感におちいったり、失敗を恐れたりする**ようになってしまいます。

子どもたちにとって一番身近な大人だからこそ、みなさんの人生経験、失敗談はすごく有益です。実際に人は、失敗から学ぶことのほうが大きいのですから。

そういう話をすると、たぶん子どもは「ふうん」で終わります。反応は薄いです。でも、知らなかった親の姿を知ると、どこかで刺さるんです。自分もがんばってみようという気持ちの後押しになると思うので、ぜひ話してあげてください。

保護者の方へ

04

子どもたちの自己肯定感を高めるために

▼自分も含め、誰かと子どもを比べない

■「ママの子だからしょうがない」はＮＧ

「自分は勉強できなかった」話は、あまり子どもにしないほうがいいと思うのですが、それは多くの場合が「できなかったんだよね」で終わってしまうからです。勉強ができなくて結果が出なかったとしても、そこでどう踏ん張ったかとか、つらくてもがんばった話ならいいのに、残念ながらほとんどがそうはならないんですね。

さらに、そこからの**一番のＮＧワードが、「ママの子だから、あなたが勉強できなくてもしょうがないね」**です。

笑い話にしてフォローしようとする意図だと思いますが、フォローにならないどころか、子どももそれに引っ張られて、できないのを正当化してしまいます。「努力しても意味がない」とネガティブな考えにもつながります。

親の自己肯定感が低いと子どもにも影響すると言われますが、こういったネガティブな考え方の連鎖は避けなければなりません。

■誰かと比べてもいいことはない

これはもう当たり前のことなのですが、まだまだ自信がない子どもたちの自己肯定感を高めていくためには、子どもをほかの子と比べたり、兄弟姉妹と比べたりするのはいいことがありません。

また、先ほどの「ママの子だからしょうがない」と反対に、勉強ができたお父さんお母さんは、**「自分はできた」というのが、言葉にこそ出なくても、心のどこかにある**んです。それで「なんでこの子は同じことができないんだろう」「できるはずなのに」と、無意識にきつい言葉が出てしまうことがあります。

でも、それは時代も違い、本来比べようもないことですし、子どもにとっては不幸なことです。みなさん、ほかの子や兄弟姉妹とは比べないようにしていても、意外に自分とは比べてしまうので、そうならないように注意してください。

保護者の方へ

05

子どもたちの反抗期に際して

▼近づきすぎず離れない、ほどよい距離感で

■完全に離れてしまうのはＮＧ

反抗期の子どもたちって、難しいですよね。私がいろいろな生徒と話をしてきて感じることは、ほどよい距離感でいることの大切さです。反抗期って、いわばものすごくワガママなところがあって、**「近寄らないで。でも、離れすぎないで」という時期**なんです。

「うるさい！」とか言われちゃうと、保護者側も心が折れそうになると思うんですが、子どもたちもある程度、自分が悪いことはわかっています。ただ、自分で感情がうまくコントロールできなくて、そういう態度をとってしまうことになる。

でも、それで本当に放っておいたら「親に失望された」「突き放された」となって、

ますます関係がこじれてしまうことがあります。

私は、**「何かあったら頼ってね」というのがよい立ち位置**ではないかと思っています。直接その言葉を伝えなくても、立ち位置としては常に崩さないでいてほしいんです。「普段は無理に近寄らないけど、何かあれば言ってね」というスタンス。

これが、この時期の子どもたちにとっては安心感につながると思います。

■私が三者面談より二者面談をする理由

私が塾講師の頃は、三者面談ではなく二者面談にこだわってやっていました。手間は2倍かかるのですが、生徒本人と2人だけで話し、保護者の方もまた別で話をすると、見えてくるものがとても多いからです。

反抗期の子どもたちって、いつもは普通なのに、親の前に行く瞬間(しゅんかん)に顔つきが変わるんですね。お父さんお母さんも、子どもを入れた三者面談にすると、ほぼ100%、「勉強しなくて」とか「スマホばかり見て」と、本人の前でグチを言います。

でも1対1でお父さんお母さんと話すと、みなさんグチもありますが、すごく子どもたちのことをよく考えていて、「何かしてあげたいけど、何をしたらいいかわからない」と相談されたりするんです。

このように二者面談でお父さんお母さんの本当の気持ちが聞けたら、「それをお子さんに伝えていいですか?」と聞いて、本人に伝えます。

すると子どものほうからも、自分が心配をかけていること、塾に行っているのに成績が上がらなくてお金をムダにしているのが申し訳ないと思っていることなど、いろいろ出てきます。それをまた親に伝えるんです。

あるとき、ヤンチャで、家だといつも「クソババア」しか言わないとお母さんが嘆いていた子がいたのですが、同じように二者面談で話すと、その子はすごくお母さんのことを思っていて、**自分が迷惑をかけていることも自覚していました。変わらなきゃいけないというのも、本音ではわかっていたんです。**

私はまたその気持ちをお母さんに伝えて、本人にも、「お母さん、こんなにお前のこと思ってるんだぞ。自分のこと見てないと思ってるだろう、超見てるから!」と、お母さんの気持ちを伝えました。

ただ、ドラマみたいに何か衝撃的なことが起こって反抗期の子どもがガラッと変わるみたいなエピソード、ほぼ起きないので、期待しないでください。ただ、そうやって**お互いの気持ちがわかると親子関係が少しずつよくなる**ことがあります。

その子も2、3カ月かかりましたが、だんだん食卓に出てきて一緒にご飯を食べるようになり、たまに学校であったことも話すようになったと、あとでお母さんに教えてもらいました。

■ コロナ禍のストレスにも注意

人は、未知のことや未経験なことに対する恐怖心が大きいので、特に一番上の子の受験などでは、親もプレッシャーで、子どもに対する言葉がきつくなったりすることがあります。今はコロナ禍の影響もあって、より家庭内の緊張が高まっているのではないかと、とても心配しています。

なんだかんだ、子どもたちの最後の拠り所は保護者の皆様です。ぶつかり合うこともあるでしょうが、「子どものくせに」と見放すような態度は出さず、「まだ子どもなんだから」と温かい目で寄り添い、かれらが居場所をなくすことがないように見守ってあげてください。

コラム

8

出会いで変わっていく将来の夢

私は高校時代、最終的に東京学芸大学を目指すことになりましたが、それまでは専門学校志望でした。

実は、音楽のライブスタッフになりたいと思っていたんです。何か音楽に携わりたくて、音響さんとかやってみたいなと夢見たりしていました。

でも、そこに何か明確なモチベーションは全然なくて、なんとなくかっこいいなという感じで。

そこから、高校の数学の先生がきっかけで「教師になりたい」と変わったのですが、目の前に憧れの存在がいるので、熱量としては音楽の仕事とは別格でした。

その憧れの存在になるために目指した大学。偏差値が20も足りなかったところからがんばれたのは、きっとその先生にほめてもらえるとか、父や母にほめてもらえるだろうというのが大きかった気がします。

ほめてもらうのが好きなので、それが一番のモチベーション。多くの人はそうじゃないですか?

いつ、どんな出会いが力になるかわかりませんが、前に進み続ける限り、またいい出会いがあるはずです。

あとがき　自分の器を大きく育てよう

■いいことと悪いことの配分は51対49

「人生でいいことと悪いことの配分は51対49だ」というのは、私が大事にしている考え方です。

私自身、学生時代はいじめられたり、嫌なことがすごく多くて、「なんでオレの人生、こんなに嫌なことばかりなんだろう」と思っていました。

でも、嫌なことばかりに着目していても、全然楽しくないんですよね。私は空を見るのが好きなのですが、澄み渡った青空を見ると、それだけで気分が少し晴れたりします。

こんなふうに、人生にはちっちゃい幸運って実はいっぱい起きていると私は思っていて。自分が不幸だと思っているときは、不幸なものに目がいってるだけなんです。

いいことはいつか絶対に起きるし、どうせ自分の人生を生きるんだったら、いいことのほうが絶対に多いと思ってきました。

だから、そう決めつける。今は、嫌なことがあったら、そのあとそれ以上のいいことが待っているから、ここが踏ん張りどころなんだなと思っています。

■私自身の節目は、ある先生との出会い

いろいろなところで話していることですが、私にとっての「いいこと」を代表する1つが、ある先生との出会いでした。

高校のときに出会った数学の若い先生なのですが、最初の自己紹介で開口一番、「お前らに好かれる気なんてないから」と言い放った先生です。正直そのときは、「うわぁ、この先生ハズレだ！」と思いました。

でも1カ月くらい教わるうちに、だんだんその先生のよさに気づいてきたんです。まず、私はもともと数学がそんなに得意じゃなかったのですが、その先生の授業はとてもわかりやすかったんですね。

それに、見た目は全然そんなタイプじゃないのに、板書がすごくきれいで。そうい

うこともあって、内容が頭に入ってくるからか、私はその先生の授業を受けるのが楽しくなっていました。

私はそれまで、先生という存在をあまり信頼したことがなかったんですが、その若い先生は違っていました。

たとえば休み時間に質問に行っても、絶対に答えてくれるんです。ほかの先生は「ちょっと忙しいからあとで」ということもあったのに、その先生はそういうことが一度もなかったんですね。

成績を上げることにはすごくストイックで、めちゃくちゃ怖い先生でしたが、いつの間にか信頼がそれを上回った感じでした。

それで私は、「自分も教師になりたい」と考えるようになったというか、**「その先生みたいな大人になりたい」と思った**んです。偏差値(へんさち)を20上げて希望の大学に入り、数学の教員免許をとったのも、それがすべての始まりでした。

■ できる友だちの余裕も学びながら

お手本にしたい人と言えば、たまに、少女マンガの主人公のような、勉強も部活もできてかっこよくてやさしい、本当にパーフェクトに見える同級生っていますよね。

かれらと自分を比べて劣等感を抱く子もいるでしょう。でも、一番違うところって、容姿や運動神経なんかではなく、実は**「自信があるか・ないか」なんです。**その自信がかっこいい余裕を生むんです。

パーフェクトに見えるその子も、それだけの結果を出すまでには何かしらの努力をしています。そこで成果を出したことが自信にもつながっているわけです。

そして**余裕が生まれると誰にでもやさしくできるし、もっと自分のレベルを上げようとさらにがんばる**んです。

この余裕は大人にとっても大事なものですが、みんなはまさに今、その余裕を生む自分の器を大きく育てている段階です。勉強をがんばることは、そういうことにもつながっているんです。

だから、ぜひ自分を成長させるツールとして、本書と私の授業動画を活用していただければと願っています。

というのも、もともとユーチューブで授業動画を上げ始めたきっかけは、塾に行きたくても行けない子どもたちがいたことでした。自分を成長させようにも、自力ではそのチャンスをつかむことが難しい子たちです。

家庭による所得の違いが子どもたちの選べる教育の差につながっている現実を目の当たりにして、頭ではわかっていても、心で割り切れないものがあったんですね。

そこで、子どもたちが自分の意志で選べる無料の教育が必要なんじゃないかと感じました。ユーチューブというメディアで無料で学べるフリーラーニングは、まさにそれが実現できるものだったんです。

今では教育系ユーチューブも広く認知され、私のチャンネルも中学生向けのコンテンツとして多くのメディアで取り上げてもらえるようになりました。

これから私も、この新しい教育の場を盛り上げていく一員として貢献できればと思っています。

2020年12月

教育ユーチューバー　葉 一

葉一（はいち）
教育YouTuber。2児の父。東京学芸大学卒業後、営業マン、塾講師を経て独立。「塾に通えない生徒が、自宅で塾の授業を受けられる環境をつくりたい」という想いから、2012年6月YouTubeチャンネル「とある男が授業をしてみた」の運営を開始する。授業動画はすべて無料で、小中高生の主要教科とその単元を広くカバーしており、これを活用して自宅学習で志望校に合格する生徒が続出。親切、丁寧で頼りがいのあるキャラクターと簡潔明瞭な授業動画で人気を博す。チャンネル登録者数は113万人、動画累計再生回数は3億回を超える（2020年12月現在）。テレビを含めメディア出演も多数。著書に『合格に導く最強の戦略を身につける！ 一生の武器になる勉強法』（KADOKAWA）などがある。

塾へ行かなくても成績が超アップ!

自宅学習の強化書

2021年1月 2 日　初版発行
2021年6月22日　12刷発行

著　者　葉一
発行者　太田宏
発行所　フォレスト出版株式会社
〒162-0824
東京都新宿区揚場町2-18白宝ビル5F
電　話　03-5229-5750(営業)
03-5229-5757(編集)
URL　http://www.forestpub.co.jp
印刷・製本　中央精版印刷株式会社

ISBN978-4-86680-115-5　Printed in Japan

塾へ行かなくても成績が超アップ!

自宅学習の強化書